U0439540

国家自然科学基金项目"相依回归模型与扩散过程中的统计推断及其应用"（项目编号：11471105）资助

湖北省人文社科重点研究基地——资源枯竭城市转型与发展研究中心开放基金重点项目"资源枯竭城市社会保障与就业问题研究"资助

沈 燕◎著

资源枯竭城市

人口迁移、社会保障制度与经济增长的关系研究

中国社会科学出版社

图书在版编目(CIP)数据

资源枯竭城市人口迁移、社会保障制度与经济增长的关系研究 / 沈燕著.
—北京：中国社会科学出版社，2016.6
ISBN 978-7-5161-8723-4

Ⅰ.①资… Ⅱ.①沈… Ⅲ.①城市人口—人口迁移—关系—城市经济—经济增长—研究—中国②城市—社会保障制度—关系—城市经济—经济增长—研究—中国 Ⅳ.①F299.2②C924.24③D632.1

中国版本图书馆 CIP 数据核字(2016)第 182782 号

出 版 人	赵剑英
责任编辑	郭 鹏
责任校对	李 莉
责任印制	李寡寡
出　　版	中国社会科学出版社
社　　址	北京鼓楼西大街甲 158 号
邮　　编	100720
网　　址	http://www.csspw.cn
发 行 部	010-84083685
门 市 部	010-84029450
经　　销	新华书店及其他书店
印　　刷	北京金瀑印刷有限责任公司
装　　订	廊坊市广阳区广增装订厂
版　　次	2016 年 6 月第 1 版
印　　次	2016 年 6 月第 1 次印刷
开　　本	710×1000　1/16
印　　张	10.75
插　　页	2
字　　数	177 千字
定　　价	39.00 元

凡购买中国社会科学出版社图书，如有质量问题请与本社营销中心联系调换
电话：010-84083683
版权所有　侵权必究

目　　录

第一章　导论 …………………………………………………… (1)
　　第一节　研究的背景与意义 ………………………………… (1)
　　第二节　文献综述 …………………………………………… (4)
　　第三节　研究方法 …………………………………………… (17)
　　第四节　本书的研究思路和内容框架 ……………………… (18)

第二章　资源枯竭城市社会保障制度发展与评估的理论基础 … (20)
　　第一节　资源枯竭城市的界定 ……………………………… (20)
　　第二节　可持续发展的理论基础 …………………………… (23)
　　第三节　社会保障制度可持续发展的主要思想 …………… (27)
　　第四节　资源枯竭城市社会保障制度可持续发展的基本
　　　　　　原则 ………………………………………………… (29)
　　第五节　资源枯竭城市社会保障制度可持续发展的评价
　　　　　　指标 ………………………………………………… (31)

第三章　资源枯竭城市社会保障制度的发展及其挑战 ……… (36)
　　第一节　资源枯竭城市可持续发展水平的比较分析 ……… (36)
　　第二节　资源枯竭城市社会保障制度的发展与评价 ……… (47)
　　第三节　资源枯竭城市社会保障制度可持续发展面临的
　　　　　　挑战 ………………………………………………… (60)

第四章　资源枯竭城市人口转变与劳动力供给 ……………… (72)
　　第一节　人口增长率和年龄结构变化 ……………………… (72)
　　第二节　人口预测模型 ……………………………………… (85)

第三节　黄石市未来人口预测 …………………………………（90）
第四节　黄石市劳动力供给与预测 ……………………………（96）

第五章　人口老龄化对资源枯竭城市社会保障制度的影响 ………（101）
第一节　养老保险精算评估模型 ………………………………（102）
第二节　黄石市城镇职工基本养老保险基金精算评估 ………（106）
第三节　资源枯竭城市社会保障制度应对人口老龄化的
　　　　措施 ……………………………………………………（116）

第六章　人口流动与资源枯竭城市社会保障制度改革 ……………（118）
第一节　人口流动的基本特征 …………………………………（118）
第二节　黄石市人口流动的基本情况 …………………………（120）
第三节　劳动力流动原因的理论分析 …………………………（126）
第四节　资源枯竭城市劳动力迁移模式 ………………………（129）
第五节　人口流动下资源枯竭城市社会保障制度改革的
　　　　难点 ……………………………………………………（134）
第六节　促进人口流动的社会保障制度改革建议 ……………（136）

第七章　资源枯竭城市经济转型与社会保障制度的关联机制 ……（139）
第一节　资源枯竭城市经济转型的特点与成效 ………………（139）
第二节　经济转型与社会保障制度之间关系的理论分析 ……（144）
第三节　资源枯竭城市经济转型与社会保障制度之间关系的
　　　　实证分析 ………………………………………………（146）
第四节　促进经济转型的社会保障制度改革建议 ……………（154）

参考文献 ……………………………………………………………（158）

第一章 导论

第一节 研究的背景与意义

资源型城市依靠其丰富的自然资源优势,使其经济在一段时间内取得了突飞猛进的发展,但是许多自然资源如矿产、煤炭、铁、铜等都属于不可再生资源,对其不断地开采背后带来的必然是资源的枯竭,而伴随着资源枯竭,曾经辉煌一时的资源型城市的经济发展也随之受到阻碍。鉴于资源产业的发展规律,资源型城市一般都会经历"发展—繁荣—衰退—转型—振兴或消亡"的过程。资源型城市如何实现经济转型是中国乃至全世界面临的经济难题,而这个问题又会引发其他一系列经济与社会问题,特别是经济衰退引发的失业与再就业问题、资源型城市社会保障可持续发展等问题。2007年,国务院出台《关于促进资源型城市可持续发展的若干意见》(国发〔2007〕38号)(下文简称《若干意见》),意见中指出,加大对资源型城市尤其是资源枯竭城市可持续发展的支持力度,尽快建立有利于资源型城市可持续发展的体制机制,是贯彻落实科学发展观、构建社会主义和谐社会的要求,也是当前保障能源资源供给、保持国民经济持续健康协调发展的重要举措。2008年到2011年,中华人民共和国国务院分三批正式确定了69个城市(县、区)为资源枯竭城市。2010年,湖北省人民政府为贯彻落实《若干意见》,结合省内实际情况,提出《关于促进资源枯竭城市可持续发展的实施意见》(鄂政发〔2010〕45号),从培育壮大接续替代产业、加强环境保护和生态修复、着力解决就业等突出社会问题、加大政策支持力度和建立完善任务责任制度等方面提出具体措施。2013年12月国务院颁布《全国资源型城市可持续发展规划》(2013—2020)(以下简称《规划》),提出促进资源型城市可持续发展是加快转变经济发展方式、实现全面建成小康社会奋斗目标的必然要求,也是促进区域协调发展、统筹推进新型工业化和新型城镇化、维护社会和谐稳定、建设生态文明的重要任务。针对资源型城市尤其是资源枯竭城市可持续发展,从中央政府到地方政府频繁出台各种政策与规划,充分说明资源枯竭城市可持续发展问题已经提升到国家战略层面,促进资源枯竭城市实现经济社会转型与发展具有重要的战略意义。

作为基础能源和重要原材料的供给地,资源枯竭城市为中国经济社会发展做出了突出贡献。但是,由于过度依赖资源产业,大肆无序地开采和挖掘不可再生资源,导致资源存量提前衰减,进而引发经济结构失衡、接续替代产业发展乏力、生态环境破坏严重、失业和贫困人口较多、社会稳定压力较大等矛盾和问题。以黄石市为例,从1950年到2007年,黄石市累计开采铁矿石约1.9亿吨、粗铜160万吨、铜精矿(含铜金属)75万吨、原煤7000多万吨、各种非金属5.6亿吨;累计产钢3000多万吨、铜300多万吨、水泥1.38亿吨。1990年前,武钢70%的铁矿石和武汉市70%的生产生活用煤均由黄石市提供。黄石市累计上缴税收270亿元,加上统配价差,黄石市工业累计为国家贡献约350亿元,相当于国家同期投入的6倍,为国家经济建设做出过巨大贡献。① 由于矿产资源逐渐枯竭以及长期以资源型产业为主的发展过程所积累的各种深层次矛盾和问题不断凸显,严重影响了黄石市的可持续发展。2012年,黄石市离退休人员达到18万人,其中80%以上集中在国有、集体大中型企业,当年发放离退休金达到21.3亿元。由于企业历史拖欠职工工资、集资款、医药费等,致使黄石市社会保障资金供求矛盾突出。黄石市离退休人员与在职人员的数量比例高达1:2.6,远远大于1:4的一般供养水平,黄石市养老保险金累计缺口较大。2008年,黄石市实收保险费平均增长速度为18.41%,而养老金支出平均增长速度为22.58%,社会保障收不抵支。黄石市特困群体偏多,2012年黄石市享受低保人员高达7.1万人,低保标准水平低于全省平均水平,较低的生活补助使他们无钱住房、无钱看病、无钱养老等,使社会稳定面临很大挑战。

改革初期,由于人口老龄化程度较低,加之资本短缺,人口红利对资源枯竭城市经济发挥了重要作用。在中国,就业增长对GDP潜在增长率

---

① 李晓波:《从试点走向示范 黄石市:资源型城市转型范本》http://news.cnhubei.com/gdxw/201103/t1633524.shtml。

的贡献在1978—1994年高达3.3个百分点，占1/3左右。但随着人口老龄化加剧和资本积累不断增加，就业增长对GDP潜在增长率的贡献在1995—2009年降到1个百分比。① 在未来一个时期，中国快速的人口老龄化和快速资本积累的叠加作用，将导致人口红利迅速消失。而这些问题在资源型经济尤其在资源枯竭城市表现得更为突出，资源枯竭城市经济会率先减速。因为资源型经济的高投资率和更高的资本劳动比意味着资本密集度更高，使其资本报酬递减发生更早；资源型经济受大宗商品稀缺性和涨价因素影响较大，缺乏竞争优势。2000年，黄石市65岁及以上人口占比5.4%，2011年，这一比值上升到8.52%，超过联合国老龄化标准1.52个百分比。与此同时，2000年至2011年，黄石市的老年抚养比也从7.45%上升至10.5%。未来这一指标还会继续上升。人口老龄化不仅影响资源枯竭城市经济发展，对资源枯竭城市社会保障制度也带来极大挑战，资源枯竭城市社会保障基金支出和养老服务需求等方面将大有提高，社会保障基金收支是否会存在缺口？养老金水平能否满足老年人的生活需要等这些问题都反过来会影响城市经济与社会的协调发展。

新型城镇化是中国未来发展和改革的主要方向，也是中国经济发展的新动力。2014年，国务院发布《国家新型城镇化规划2014—2020年》，明确提出要努力实现1亿左右农业转移人口和其他常住人口在城镇落户。新型城镇化是资源枯竭城市经济发展的潜在机会，让当地农村劳动力回流并实现近就城镇化有利于缓解人口老龄化和增加劳动力资源。影响人口流动与转移的因素很多，其中城镇基本公共服务如教育、就业、养老、医疗卫生、保障性住房等方面的均等化是一个主要因素。在资源枯竭城市，不同制度之间如何实现城乡一体化，制度与制度之间如何顺利对接与转移，都是新型城镇化背景下对社会保障制度提出的新要求和新挑战，资源枯竭城市社会保障制度需要通过体制机制创新以适应这一变化。

资源枯竭城市经济发展中积累的矛盾和问题以及人口老龄化趋势使社会保障制度面临极其严峻的形势，人口在城乡之间的频繁流动与迁移对资源枯竭城市社会保障制度发展提出新的改革要求，这些问题得不到解决反过来又会对资源枯竭城市经济的可持续发展形成障碍和阻力，由此引发恶

---

① 王国辉：《人口老龄化与城市化呼唤社会保障制度创新发展——"人口老龄化与城市化下的社会保障制度建设"学术研讨会综述》，中国人口科学2011年第4期。

性循环。为了实现资源枯竭城市经济与社会的可持续发展，社会保障制度的可持续发展具有至关重要的作用，因此本书将立足于资源枯竭城市社会保障制度的发展，探索制度发展中可能面临的挑战，并分析这些挑战对资源枯竭城市发展的影响，以此提出资源枯竭城市社会保障制度的改革路径。期望本研究的结论能够为资源枯竭城市社会保障制度改革提供可能的政策建议，最终推动资源枯竭城市经济社会转型与可持续发展。

第二节 文献综述

一 关于资源枯竭城市社会保障问题的研究文献

学者对资源枯竭城市的研究主要围绕经济转型、产业转型和转型成效评价等方面展开，关于资源枯竭城市社会保障制度的研究少之又少。王朝明（2003）从资源经济学研究的视角入手，对中国面临资源枯竭的矿业、矿城以及旷工的贫困现状进行实证分析，在此基础上从资源环境可持续发展、制度创新及安排、产业结构调整和保障就业等方面提出了对应治理。[1] 吴要武（2004）考察了资源枯竭城市面临就业困难的成因、存在的问题，提出了问题解决的思路。他指出，资源枯竭、企业面临沉重的体制性负担、企业自身缺乏转型的激励等因素导致资源枯竭城市面临就业困难，而资源枯竭城市的贫困瞄准机制与救助成效很差，他建议资源枯竭城市应该建立内部转型激励机制，引入市场机制，中央政府对部分困难资源枯竭城市的帮助应以救助贫困为主。[2] 王志宏等（2004）分析了阜新矿区下岗工人再就业的内、外部障碍原因，提出了解决下岗工人再就业的对策和措施。[3] 李姝等（2005）提出社会保障制度的建立与完善是中国资源枯竭型国有企业通过关闭破产、产业转型、改制重组实现企业顺利退出的重要前提保证。对于资源枯竭型国有企业数量多的省份加大中央财政转移支付力度，多渠道扩大社会保障基金规模；大力发展商业保险与职工互助保

---

[1] 王朝明：《矿产资源枯竭城市的贫困问题及其治理》，《财经科学》2003年第4期。
[2] 吴要武：《资源枯竭城市的就业与社会保障问题分析》，《学术研究》2004年第10期。
[3] 王志宏、朱云：《资源枯竭城市下岗工人再就业障碍分析——以阜新市为例》，《资源与产业》2004年第1期。

险，分摊社会保险的沉重负担。①

张芳（2008）提出资源枯竭城市社会保障制度发展存在社保基金缺口、"低保"比率高，保障不足和过度保障问题，贫困发生率与实际救助之间存在矛盾，需要通过加大中央财政转移支付力度，多渠道筹措社会保障基金，扩大社会保险覆盖范围，实现养老保险统账分征，实现最低生活保障"应保尽保"，实行社会保障与促进就业联动机制等方式不断完善。②张芳（2009）提出资源型城市养老保险统筹基金萎缩，个人账户空账问题严重，统筹层次过低等问题突出。③

徐向峰等（2008）指出资源枯竭城市社会保障体系问题主要表现在社会保障体系经济层面上的"窄、小、低、缺"和管理层面上的救助资格辨识准确率低、脱贫效果差、项目衔接有名无实等。这些问题严重削弱了社会保障体系维护社会稳定的作用和能力。为了改善这一状况，应采取加大对资源枯竭城市社会保障资金支持力度，促进再就业，加强对失业保险和城市居民最低生活保障的监管力度等措施。逐步完善资源枯竭城市社会保障体系，保证资源枯竭城市平稳度过转型期。④

李宏舟（2008）指出，由于单纯依靠市场机制已经无法应对资源枯竭城市的闭矿裁员所引发的特定地区、特定产业的大量失业等社会问题，因此无论是发达国家还是转型国家的政府都采取了相应的政策措施。国外的经验和教训表明，缩短两种类型的时间差和处理好四组矛盾是提高各种措施的关键所在。两种类型时间差为闭矿裁员和启动各项政府应对措施之间的时间差、实施各项应对措施到这些措施开始发挥作用之间的时间差；四组矛盾为闭矿裁员预算与补贴现存煤矿赤字预算的矛盾、中央政府和煤矿所在地方政府的费用负担矛盾、失业旷工和相关产业失业工人在享受相

---

① 李姝、孟韬：《资源枯竭型国有企业社会保障制度的问题与完善》，《辽东学院学报》2005年第6期。
② 张芳：《资源枯竭城市社会保障制度存在问题及对策探析》，《长春工业大学学报》2008年第2期。
③ 张芳：《资源型城市养老保险存在的问题及政策建议》，《沈阳师范大学学报》（社会科学版）2009年第5期。
④ 徐向峰、孙康、侯强：《资源枯竭城市社会保障的完善》，《长春工业大学学报》2008年第3期。

关政策方面的矛盾、矿工失业前后的心理矛盾。①

贾宝先（2012）提出，社会保障机制在解决资源枯竭城市产业转型、职工安置、经济衰退等问题中起到重要作用，适合资源枯竭城市且资金充裕、职工再就业能力强的社会保障体系是实现资源枯竭城市社会和谐稳定、平稳度过转型期的基础保障。②

二 关于人口、经济与社会保障之间关系的研究文献

当前关于社会保障制度研究的重点主要放在制度整合和制度转续上，而这主要是因为原有的社会保障已经不适应经济发展和社会发展的需要。人口老龄化和劳动力价格提高使中国经济发展丧失了人口红利这一增长源泉，未来中国经济发展需要依托于新型城镇化和制度创新来推动。在这一经济发展背景下，社会保障制度也需要通过改革与创新来适应经济社会发展。新型城镇化要求建立适应人口流动与迁移的社会保障制度，而原有的碎片化社会保障制度对劳动力迁移形成一种无形的阻力。本书对于资源枯竭城市社会保障制度的研究主要基于这一原因，因此这里对人口迁移、经济发展与社会保障制度改革的相关文献进行逐一梳理，以便于本书对资源枯竭城市社会保障制度问题的深入研究。

（一）经济发展与社会保障关系的研究文献

在现代经济增长理论产生以后，学者们开始以新古典增长理论和新增长理论为分析框架，研究社会保障的经济效应。新古典经济增长理论认为储蓄和劳动力供给为经济增长动力，因此新古典经济学派以储蓄为中间变量，研究社会保障制度的经济效率及其与经济增长之间的关系。社会保障对储蓄的影响主要通过影响消费者的预算约束实现。在目前研究中，关于不同社会保障模式通过储蓄行为对经济增长所产生的影响至今在学术界都没有得出较为一致的观点。费尔德斯坦（Feldstein，1974）将社会保障对个人储蓄的影响划分为减少储蓄的"替代效应"和增加储蓄的"退休效应"，以美国1921—1974年的数据为基础做实证分析，得出由于现收现付制社会保障的替代效应远大于退休效应，故使私人储蓄率降低30%～

---

① 李宏舟：《国外资源枯竭型城市社会稳定问题研究——以闭矿裁员后政府应对措施为中心》，《资源与产业》2008年第3期。

② 贾宝先：《资源枯竭型城市转型中的社会保障机制探索》，《重庆科技学院学报》（社会科学版）2012年第13期。

50%，如果社会保障制度实现从现收现付制向基金积累制转变将有助于提高个人储蓄等结论。① 巴罗（Barro，1974）认为现收现付制制度对私人储蓄的作用是中性的。他在具有利他主义的生命周期模型框架下，认为父母对自己的子女具有利他动机，往往希望通过给他们留遗产等方式来增加他们的福利。当父母为了给子女提供额外的遗产而进行的储蓄，在某种程度上将抵消父母一辈因为获得社会保障收益而引起的储蓄的减少；而子女可以用这些遗产来抵消他们因为缴纳社会保障税而导致的收入下降，最终可能的结果是两代人的预算约束都没有因为存在社会保障制度而发生变化。② 巴尔（Barr，2000）认为只有在一定条件基础上，基金制才能够对经济增长具有推动作用，如较高的储蓄率，完善的投融资平台，较高的投资乘数等。在现实经济中，这些条件可能部分或者全部存在问题，如投资是否一定会带来经济增长。杨继军等（2012）提出居民储蓄持续升温与人口年龄结构、人均预期寿命延长和养老保险制度改革有很大关系。养老保险覆盖面、养老保险缴费水平对居民储蓄的影响显著为正，表明养老保险制度改革并没有纾解居民对于未来养老的担忧，进而并未起到给储蓄降温的目的。因此，弱化计划生育政策、提高人口出生率并不能降低当下的居民储蓄，而延迟退休年龄、挖掘适龄劳动人口消费潜力、通过养老保险制度改革降低不确定性，对降低储蓄率则更为有效。③

新经济增长理论则认为一国长期经济增长是由技术进步、人力资本积累等因素决定。在新经济增长理论的影响下，经济学家以人力资本作为社会保障影响经济增长的中间变量，从社会保障影响人力资本及其形成过程的角度来论证社会保障对经济增长的影响。社会保障对人力资本的影响途径较多，比如教育、健康和人口迁移等，其中教育因素还可以由生育率和退休行为等因素间接传导。霍勒（Holler，2007）分析了不同社会保障体系对生育率和经济增长的影响，认为在发展中经济体中社会保障体系会降低生育率并刺激经济增长，并指出美国和欧盟国家在生育率和经济增长方面

---

① Feldstein M., "Social Security: Induced Retirement and Aggregate Capital Accumulation", *Journal of Political Economics*, 82 (5), 1974, pp. 523 – 547.

② Robert J. Barro, "Are Government Bonds Net Wealth?", *Journal of Political Economy*, Vol. 82, No. 6, 1974, pp. 1095 – 1117.

③ 杨继军、张二震：《人口年龄结构、养老保险制度转轨对居民储蓄率的影响》，《中国社会科学》2013 年第 8 期。

的差异在某种程度上可以由社会保障体系的差异来解释。① 杨再贵（2009）在具有内生增长的世代交叠模型框架内，考察了中国的部分积累制养老保险对人口出生率、经济增长和家庭养老保障的影响。假设个人为拥有孩子和老年期得到孩子的物质支持而感到满足，子女感谢父母养育之恩的默契总起作用，进而证明提高企业缴费率会导致人口出生率和代际转移率下降、经济增长率上升，而个人缴费对这三者没有影响。最后求解了能合理控制人口规模、促进经济适度增长并鼓励适当家庭养老保障的理想的企业缴费率区间。② 埃切维里亚和伊萨（Echevarria 和 Iza，2006）在世代交叠内生增长模型的框架下分析了现收现付制社会保障制度下，死亡率的变化对预期寿命、教育、退休年龄、人力资本以及经济增长的影响。现收现付养老保险对教育有正的影响，但是养老金的收益会促使人们提前退休，使劳动力在总人口中的比例下降。最终得出的研究结论是预期寿命的增加导致较低的人均 GDP 增长。③ 张杰和张俊森（Zhang Jie 和 Zhang Junsen，2004）研究了现收现付养老保险如何影响经济增长及其与经济增长决定因素之间的相互作用。他们采用 62 个国家 1960—2000 年的面板数据，检验现收现付养老保险对人力资本投资、人口生育率、储蓄以及经济增长的影响。方程模型显示：养老保险收益与人口生育率负相关，与经济增长和教育正相关，与储蓄无关。这说明养老保险可以通过降低生育率、提高教育投资来增加人力资本投资进而刺激经济增长。④ 彭浩然、申曙光（2007）利用世代交叠内生增长模型考察了现收现付制与生育率、储蓄率、人力资本投资、经济增长的相互关系。理论模型表明，现收现付制会促进人口增长，降低储蓄率，对经济增长产生不利影响，但对人力资本投资的影响并不确定，并且他们利用中国 31 个地区的数据检验了这一结论。⑤ 林忠晶、龚六堂（2007）采用有限生命预期的连续时间状态代际交叠模型作为基本框架，以现收现

---

① Holler J., "Pension Systems and their Influence on Fertility and Growth", *NBER Working Paper Series*, No. 0704, 2007.
② 杨再贵：《城镇社会养老保险、人口出生率与内生增长》，《统计研究》2009 年第 5 期。
③ Echevarria C A, Iza A., "Life Expectancy, Human Capital, Social Security and Growth", *Journal of Political Economics*, Vol. 90, 2006, pp. 2323–2349.
④ Zhang Jie, Zhang Junsen., "How does social security affect economic growth? Evidence from cross-country data", *Journal of Population Economics*, Vol. 17, No. 3, 2004, pp. 473–500.
⑤ 彭浩然、申曙光：《现收现付制养老保险与经济增长：理论模型与中国经验》，《世界经济》2007 年第 10 期。

付制的养老保险制度为基础,用数值模拟分析了经济中存在养老保险时养老金替代率、养老金费率以及个体消费者预算寿命对经济中个体消费者接受教育的年限、退休年龄等因素的影响,得出以下结论:当养老保险缴费率增加或养老金替代率增加且个体预期寿命不变时,个体接受教育的年限减少,退休年龄增加;当个体的预期寿命增加时,个体接受教育的年限、退休年龄等都增加。① 汪伟(2012)在人口老龄化背景下,通过构建一个三期世代交替模型讨论了混合养老保障体制下家庭的消费、储蓄和教育投资决策及其对中国经济增长的影响。研究发现从现收现付制向个人与统筹账户相混合的模式转变,有助于增加物质资本和人力资本的积累并促进经济增长。在当前寿命延长、养老压力增大的态势下,为了保持经济增长并解决养老账户的财务困境,需要提高人力资本的积累速度和人力资本在生产中的效率。通过理论分析与数值模拟结果,从经济增长的视角为中国养老保险体制改革方向的确立提供了解释逻辑。② 殷俊、李媛媛(2013)在一定的假设前提下,基于一般均衡的动态生命周期模型模拟了中国养老保险制度改革在外生与内生的老年人口劳动力参与率情况下对资本积累、储蓄、产出、工资收入、利率、终生效用以及收入分配的影响。模拟结果表明,从传统的现收现付制转向部分积累制经济达到稳态后,在老年人口劳动力参与率为内生的情况下,每单位有效劳动的资本存量增加了13.89%,人均产出增加了5.46%,国民储蓄率增加了16.67%,实际工资增加了5.45%,终生收入增加了10.08%,养老金替代率增加了70%。这表明改革促进了经济增长,并使经济增长的模式向资本密集型转变。③

(二)人口老龄化、人口迁移与社会保障关系的研究文献

1. 人口老龄化与社会保障的相关文献

人口老龄化会对经济和社会带来巨大的冲击,对社会保障制度的影响主要体现为社会保障支出增加,养老医疗等服务需求增加,养老模式趋于多元化等。张本波(2002)分别从劳动力市场、养老模式、社会保障成

---

① 林忠晶、龚六堂:《退休年龄、教育年限与社会保障》,《经济学》(季刊)2007年第1期。

② 汪伟:《人口老龄化、养老保险制度变革与中国经济增长——理论分析与数值模拟》,《金融研究》2012年第10期。

③ 殷俊、李媛媛:《人口老龄化背景下中国养老保险制度改革的宏观经济及福利效应分析》,《江西财经大学学报》2013年第6期。

本、消费储蓄模式和社会需求结构五个方面分析了人口老龄化的影响,并提出了解决人口老龄化问题的基本原则、根本前提和养老模式等对策。① 程永宏(2005)通过定量方法分析了现收现付制与人口老龄化关系,结果发现,现收现付制基本上不会因人口老龄化而出现支付危机,人口老龄化程度提高不能作为中国养老保险和医疗保险实行基金积累制的理论根据。② 姜向群和万红霞(2005)则重点探讨了人口老龄化对养老金制度、医疗保障和老年社会服务带来的挑战。在解决人口老龄化的对策上,姜向群强调家庭养老在人口老龄化中的重要作用,提出应该把家庭养老和社会保障政策结合起来应对老龄化的挑战。③ 邓大松和杨红燕(2005)认为人口老龄化导致老年人医疗服务需要增加,通过建立农村老年医疗救助、合作医疗、"时间储蓄"等多种制度,提供完善的医疗供方体系,保障农村老年人的基本医疗需求。④ 李杰和樊轶侠(2008)指出农村老龄化程度高于城镇、农村人口老龄化的进程与经济发展速度不同步等凸显人口老龄化在中国农村的特殊性和紧迫性,因此,应该合理划分政府、个人(家庭)、市场等不同主体的养老保障责任,构建一个多元化的、具有中国特色的农村社会养老保障制度。⑤ 孙祁祥等(2008)认为人口转变对现行养老保障制度提出了严峻的挑战,突出体现为人口机构与养老保险制度之间的"五大矛盾":人口结构变化趋势与现收现付制社会统筹之间的矛盾、老龄化程度严重与养老保险低覆盖之间的矛盾、老年人口贫困与养老保障水平降低之间的矛盾、人口转变进程的区域差异与养老保险统筹层次提高之间的矛盾、农村更为严重的老龄化与农村养老保障制度整体缺失之间的矛盾。为了应对这些挑战,建立一个具有可持续性的养老保险制度,迫切需要进行若干重要的政策调整和制度创新。⑥

---

① 张本波:《中国人口老龄化的经济社会后果分析及政策选择》,《宏观经济研究》2002年第3期。

② 程永宏:《现收现付制与人口老龄化关系定量分析》,《经济研究》2005年第3期。

③ 姜向群、万红霞:《人口老龄化对老年社会保障及社会服务提出的挑战》,《市场与人口分析》2005年第11期。

④ 邓大松、杨红燕:《人口老龄化与农村老年医疗保障制度》,《公共管理学报》2005年第5期。

⑤ 李杰、樊轶侠:《论人口老龄化背景下农村社会养老保障制度的构建》,《财政研究》2008年第12期。

⑥ 孙祁祥、朱俊生:《人口转变、老龄化及其对中国养老保险制度的挑战》,《财贸经济》2008年第4期。

林宝（2010）从养老金资金平衡公式入手，推导出人口老龄化与缴费率变动之间的关系，测算了 2008—2050 年中国人口老龄化对城镇企业职工基本养老保险制度社会统筹部分缴费率的影响人口及其他因素对此的干预。研究发现，在测算期内，尽管人口老龄化一直要求缴费率上升，但养老保险综合覆盖率之比的变化和养老金平均替代率的实际下降将有效化解人口老龄化的影响，当前的制度设计能够应对测算期内的人口老龄化形势。不仅如此，当前制度设计还存在适当降低缴费率或给城镇无保障老年人发放部分基础养老金的空间。① 武锐和王薇（2010）认为人口老龄化问题已成为国际社会关注的焦点。日本是全世界人口老龄化速度最快、老龄化程度最高的国家之一，老龄化问题给日本的养老制度带来了一系列的问题。为此，日本政府对养老保险制度采取了一系列开源节流的改革。研究日本养老保险制度及其应对人口老龄化所采取的措施的经验教训，对中国社会保障体系的构建以及日益面临老龄化挑战下的中国养老制度改革，具有重要的借鉴意义。② 肖严华（2011）认为，未来 20 年中国将迎来人口老龄化的高峰期，这对中国未来养老保险基金的充足偿付能力构成了严峻挑战。为确保未来养老保险基金充足的偿付能力，中国需要进一步完善养老保险个人账户制度。将个人账户从第一支柱转至第二支柱，在制度上保证统账分离；以国资分红等多种途径做实个人账户，个人账户采用 FDC 而非 NDC；做大养老保险个人账户的相对比例；拓宽个人账户基金的投资渠道，提高个人账户的回报率；成立国家社会保障基金监督管理委员会，加强对个人账户的投资监管。肖严华还提出了在以较低的社会统筹账户比例实现基础养老金全国统筹的政策选择，"十二五"期间中国实现基础养老金全国统筹，将为最终实现基本养老保险基金全国统筹奠定重要基础。③ 王国辉（2011）对 2011 年"人口老龄化与城市化下的社会保障制度建设"学术研讨会的会议内容进行综述，参会专家和学者一致认为必须加快社会保障制度创新和发展，才能充分发挥社会保障制度的作用，促进经济社会持续健康发展。其

---

　　① 林宝：《人口老龄化对企业职工基本养老保险制度的影响》，《中国人口科学》2010 年第 1 期。
　　② 武锐、王薇：《人口老龄化视阈下的日本养老保险制度及其对中国的启示》，《江西社会科学》2010 年第 12 期。
　　③ 肖严华：《21 世纪中国人口老龄化与养老保险个人账户改革——兼谈"十二五"实现基础养老金全国统筹的政策选择》，《上海经济研究》2011 年第 12 期。

中，蔡昉认为资源型城市政府应加大公共服务支出比重，增加劳动者的人力资本存量，解决社会保障问题，才能推动资源型城市顺利转型；翟振武认为面对中国人口老龄化进程对养老服务提出的迫切需求，发展居家养老成为应对人口老龄化的必然选择；王长城提出建设新农保与农民工制度双向转化通道、把村组织干部养老保险制度转换成类似职业年金性质的养老保险制度等改进建议。[1] 杨胜利和高向东（2012）从中国人口老龄化的现状和未来发展趋势出发，就其对社会保障财政支出的影响进行了分析，得出人口老龄化将会使负担系数上升、社会保障财政支出增加，并且在 2030 年以后会超过 15% 的结论，最后提出应对措施。[2] 韩玲慧（2013）运用数据详细介绍了人口老龄化给发达国家的社会保障事业带来了巨大压力，在政府支出中用于社会保障和医疗保险的比例在以越来越快的速度上升，财政赤字和政府债务不断攀升。导致这一结果不仅因为老年人抚养比上升，而且养老金制度和其他相关社会保障制度所导致的老龄人口劳动参与率的下降也是重要原因。[3] 陈沁和宋铮（2013）使用 2000 年第五次人口普查数据与 2010 年第六次人口普查数据，推算农村人口分年龄、性别的城乡迁移率。使用推算出的城乡人口迁移率，对 2010 年至 2100 年的全国人口情况与老龄化情况进行了模拟，并引入城镇养老保险框架，讨论中国城镇养老基金在城市化过程中的演化，发现城市化对城镇的老龄化程度与城镇养老基金的收支状况有显著的改善作用。在城市化的背景下，通过放松计划生育来提高生育率对养老金收支的改善效果在短期内并不明显，长期内则十分显著。而推迟退休年龄则在任何情况下都能极大地改善养老金收支。[4]

钟家新（2014）分析了第二次世界大战后日本应对人口老龄化的社会保障改革，包括所得保障制度的建立与改革、医疗保障制度的建立与改革、福利人才的培养等，这些改革也给中国提供了一些启示，即社会保障制度的建立与完善过程中对制度的公平性及其相关问题重视不够，在教育

---

[1] 王国辉：《人口老龄化与城市化呼唤社会保障制度创新发展——"人口老龄化与城市化下的社会保障制度建设"学术研讨会综述》，《中国人口科学》2011 年第 4 期。

[2] 杨胜利、高向东：《人口老龄化对社会保障财政支出的影响研究》，《西北人口》2012 年第 3 期。

[3] 韩玲慧：《人口老龄化背景下发达国家社会保障事业面临的财政压力》，《经济与管理研究》2013 年第 6 期。

[4] 陈沁、宋铮：《城市化将如何应对老龄化？——从中国城乡人口流动到养老基金平衡的视角》，《金融研究》2013 年第 6 期。

改革中对福利人才的培养滞后,从事老人护理的"介护福利士"的工资待遇较低。① 华安德和宋阳旨(2014)通过考察澳大利亚和中国的人口状况及其老龄化社会的性质,就澳大利亚和中国为解决养老问题而制定的公共政策展开分析,提出要推动成功、持续的政策改革必须注意以下几点:一个面向所有公民的一体化社保体系很可能可以兼顾社会的公平性和管理的有效性,它将降低流动性和选择性障碍以及服务条例的复杂性;为弱势群体和体系之外的人建立社会保障网络、提供退休收入,是国家的基本责任;覆盖60岁及以上人群的社保计划,其设计和操作的可携带性和灵活性十分重要,计划需要能及时回应个人情况的调整以及经济、人口状况的变化;设计一些既能使积累的养老基金得到最好保存又能增值、同时又能抵抗市场风险的方式十分重要。② 田雪原(2014)提出在世界人口年龄结构不断走向老龄化的过程中,中国人口老龄化展现出速度比较快、水平比较高和城乡、地域推进不平衡的特点,这给养老社会保障出了一道难题。破解之法关键在养老社会保险体制创新。中国养老社会保险体制改革和创新的重点:一要准确定位养老社会保险的体制,明确改革和创新的方向和思路;二要在完善监管体制机制基础上,确保养老金保值、增值和可持续推进。③ 刘吕吉等(2014)综合运用静态面板与动态面板模型考察了中国1998—2012年人口结构变迁对财政社会保障支出水平的影响。固定效应、系统广义矩估计(SYS-GMM)方法实证分析结果均显示:老年人口抚养比对人均财政社会保障支出存在正的显著影响,即老龄化是导致财政社会保障支出压力的原因;而少年儿童抚养比与人均财政社会保障支出之间存在显著的负相关关系;此外,财政社会保障支出表现出较强的惯性。基于此,为缓解财政社会保障支出压力并有效应对人口老龄化,应提高财政支出配置效率和财政社会保障支出水平。④

2. 人口迁移与社会保障的相关文献

在新型城镇化背景下,人口流动与迁移将愈加频繁,尤其是农村人口

---

① 钟家新:《日本应对人口老龄化的社会保障及其对中国的启示》,《社会保障研究》2014年第1期。
② 华安德、宋阳旨:《老龄化社会的社会保障问题——以澳大利亚和中国为例》,《国外理论动态》2014年第7期。
③ 田雪原:《人口老龄化与养老保险体制创新》,《人口学刊》2014年第1期。
④ 刘吕吉、李桥、张馨丹:《人口结构变迁与财政社会保障支出水平研究》,《贵州财经大学学报》2014年第4期。

流入城市并实现市民化对社会保障制度提出新问题新挑战，部分学者针对这一问题展开研究，并提出对策建议。陶然和徐志刚（2005）认为城市化过程中的流动人口、农村内部农地调整以及农用土地非农化问题是现阶段中国转轨与经济发展过程中面临的重大问题。在对这些问题及其政策关联性进行剖析的基础上，揭示了中国户籍制度与农地制度改革在一个大国的转轨与经济发展过程中的特殊性，并提出一个政策组合，试图在改革现有土地征用制度的同时，通过给予农民在土地和城镇社会保障之间的自由选择权建立起一种良性的城市化机制，从而实现户籍制度和农地制度改革的突破。[1] 刘同昌（2008）提出构建城乡融合的养老保险制度体系，是解决部分社会群体养老保险制度缺位问题的重要举措，构建城乡养老保险制度体系是政府和社会的共同责任。要实行社会养老保险覆盖全社会，要建立劳动力市场，使人才能够合理流动，就必须考虑城乡基本养老保险的有机衔接，就必须要对城乡基本养老保险进行一体化管理。必须从城乡分割的居民身份制入手，拆掉构成二元社会保障结构的社会基础。[2] 张思锋等（2007）采用队列要素法并运用第五次人口普查数据，通过年龄移算，预测了不引入人口迁移因素时2001—2050年陕西省人口规模及结构；然后引入省际人口迁移因素，在计算出年龄别净迁移率的基础上，预测了2001—2050年陕西省人口规模及结构；最后采用总体法精算模型，运用陕西省城镇职工基本养老保险相关统计资料，测算出2001—2050年陕西省基本养老保险基金收支规模。发现自引入省际人口迁移因素后，陕西省基本养老保险基金收支缺口明显缩小，在老龄化初期就出现了基金结余。[3] 刘昌明和邓大松等（2008）基于2005年第五次全国人口普查数据，通过人口预测，研究了"乡—城"人口迁移对城乡人口老龄化及养老保障的影响：一方面，"乡—城"人口迁移将缓解城镇人口老龄化程度，为中国城镇基本养老保险制度带来大量的"养老金红利"；另一方面，它将

---

[1] 陶然、徐志刚：《城市化、农地制度与迁移人口社会保障——一个转轨中发展的大国视角与政策选择》，《经济研究》2005年第12期。

[2] 刘同昌：《人口老龄化背景下建立城乡一体的养老保险制度的探索》，《山东社会科学》2008年第1期。

[3] 张思锋、张冬敏、雍岚：《引入省际人口迁移因素的基本养老保险基金收支测算——以陕西为例》，《西安交通大学学报》（社会科学版）2007年第3期。

导致农村人口老龄化加快，进一步加速农村传统养老保障功能的弱化。①吴红宇（2008）指出现行社会保障制度阻碍了农民工的迁移行为，从企业层面看，"扩面"导致劳动力成本上升，进而减少雇用；从劳动者层面看，缺乏保障致回流和不愿迁移行为发生。②张展新认为政府设置的差异性公民权限制了农村人口向城市迁移，《社会保险法》打破了区域分割，跨区域转移接续法制化，但是如何真正解决地方公民权与国家公民权的矛盾依然任重而道远。③

黄匡时（2012）指出《城镇企业职工基本养老保险关系转移接续暂行办法》并没有摆脱社会保障的制度陷阱、不公平陷阱和低水平陷阱，反而延伸出了社会保障的流动陷阱和"踢皮球"陷阱。这些陷阱形成的主要原因不是人口和社会保障的流动造成，而是社会保障的模式、现行财政制度和相关政策体系以及区域经济社会发展不均衡联合导致的。要摆脱这些陷阱，实现人口和社会保障的自由流动，需要以建立健全全国社会保障模式弹性统一为主线，以加强社会保障网络信息化建设为基础，以提高社会保障统筹层次为重点，以衔接城乡二元社会保障制度为突破口，以建立健全社会保障均等化服务转移支付政策体系为支撑，最终实现"全民覆盖、弹性统一、服务均衡、流转自由、可持续发展"的社会保障制度。④张冬敏等（2012）基于陕西省城镇职工基本养老保险相关统计资料，采用分账户法精算模型，测算出四种省际人口迁移方案下的2006—2050年陕西省基本养老保险的基金缺口规模。研究发现：陕西省迁入人口呈现年轻态特征，多为处于就业初期的年轻人口，减缓了陕西省人口老龄化速度；在引入省际人口迁移因素时，基本养老保险基金缺口规模、增长速度明显降低，下降速度随人口迁入量的增加而加快。⑤ 钱振伟等

---

① 刘昌明、邓大松、殷宝明：《"乡—城"人口迁移对中国城乡人口老龄化及养老保障的影响分析》，《经济评论》2008年第6期。

② 吴红宇：《现行社会保障制度对农民工迁移行为的影响研究》，《农村经济》2008年第1期。

③ 张展新：《走向普适性的公民社会保险权：〈社会保险法〉的制度变革意义》，《中国人口年鉴》2011年第1期。

④ 黄匡时：《流动人口的社会保障陷阱和社会保障的陷阱》，《社会保障研究（京）》2012年第1期。

⑤ 张冬敏、张思锋：《省际人口迁移对基本养老保险基金缺口的影响研究——以陕西省为例》，《统计与信息论坛》2012年第1期。

（2012）新农保养老保险制度能否长期可持续发展，在于其长期保障水平与保障能力是否能承受中国人口老龄化趋势给社会经济发展带来的压力。在对中国未来农村人口年龄结构预测的基础上，构建养老金收支精算模型和人口预测模型，分析新型农村社会养老保险保障水平，并对基金收支平衡进行仿真和评估。仿真结果显示：未来30年左右养老金将会收不抵支，且通过调整基金收支约束变量以缓解基金缺口会与养老金的福利刚性发生冲突。为确保新型农村社会养老保险制度长期可持续发展，应探索新农保服务体系建设的社会参与机制和路径，创新地方社保基金投资管理模式，发挥市场配置资源的优势，促进制度的可持续发展。①

在国外，社会保障制度不存在城乡二元化问题，因此人口迁移不会挑战制度的适用性，但是国外学者认为，在老龄化问题最严重的发达国家，纳入外来的青壮年劳动力能够有效缓解老龄化对于养老保险体系及整个财政的资金压力。一般来说，迁移人口的年龄结构具有年轻化特征，年轻人口的迁入降低了迁入地的人口老龄化程度，从而缓解了养老保险基金的支付压力。在预测基本养老保险基金支出规模时，如果忽略了人口迁移因素，有可能夸大人口老龄化高峰期的社会保障支出负担。②拉辛和萨德卡（Razin & Sadka, 1999；2000）发现，虽然短期内迁入者享受了移入国的各种社会福利，由于迁入人口的年轻结构比较年轻，他们加入到养老保险制度可以增加该国的养老保险收入，对迁入地的养老保险产生积极影响，移入国本地居民中的劳动力可以降低缴费负担，而退休人口可以提高养老金待遇。③卡雷特罗（Carretero, 2004）研究了西班牙人口迁移对养老保险的有利影响，发现西班牙每年迁入人口达到15万时，养老保险支出就会大幅度降低。④

（三）现有研究的评述与不足

资源枯竭城市社会保障问题是具有地域特殊性和问题异质性的，但是期刊网上关于资源枯竭城市社会保障问题研究的文章仅有十几篇，而且大

---

① 钱振伟、卜一、张艳：《新型农村社会养老保险可持续发展的仿真评估：基于人口老龄化视角》，《经济学家》2012年第8期。

② OECD, "Trends in international migration", Social Security Studies, 1998, pp. 4–8.

③ Razin, A. and Sadka, E., "Unskilled Migration: A Burden or a Boon for the Welfare State?", Scandinavian Journal of Economics, Vol. 2, No. 102, 2000, pp. 463–479.

④ Juan F., "Del Brio Carretero and Mdela Concepcion Gonzalez Rabanal", Projected spending on pensions in Spain: A viability analysis, International Social Security Association, Vol. 57, 2004, pp. 91–109.

部分研究都是集中在资源枯竭城市因矿竭城衰而引发失业、贫困等问题最为突出的时期,因此研究的重点主要放在如何通过社会保障机制来解决再就业和贫困救助等问题上。现有研究的不足和研究范围的局限性充分印证了本研究的必要性和重要性。在新型城镇化、人口老龄化、劳动力迁移等新背景下资源枯竭城市社会保障制度可能面临的新的问题和新的挑战,而这些问题又将在资源枯竭城市新的经济发展阶段中对其经济转型与发展产生或积极或消极的作用,探索有效的适合资源枯竭城市经济发展的社会保障制度是新时期新背景下资源枯竭城市社会保障制度改革的方向和要点。

本书的研究将真正意义上填补这块空白,深入分析在新型城镇化背景下新的经济因素和社会因素对资源枯竭城市社会保障制度的影响,资源枯竭城市应该如何改革应对和融入这些变化中,并通过制度创新和改革来使这些因素成为资源枯竭城市经济发展的动力而非阻力。

第三节 研究方法

一 资料收集方法:以文献研究为主、实地调查为辅

文献资料收集的范围包括现有国内外关于社会保障问题研究的著作与论文、资源枯竭城市尤其是黄石市政府的重要政策法规文件及经验报告、相关调查数据与调查报告、国家统计局和民政部等政府部门官方网站、各地每年政府工作报告、相关官方统计公报和统计年鉴等。在此基础上,为使研究更切合实际,本研究特别强调运用问卷、访谈等实地调查方法来全面调查黄石市的人口迁移、劳动力供给、社会保障收支等现状与问题等基础信息。

二 资料分析方法:以定量研究为主、定性研究为辅

本研究运用人口分析技术和 PADIS – INT 模型分析并预测了黄石市未来 30 年人口年龄结构变化和劳动力供给变动趋势;运用精算学测算人口老龄化、人口迁移等因素影响下人口结构与劳动力供给变化对黄石市社会保障基金收支的影响,并选择不同的参数设定进行敏感性分析;运用 VAR、协整模型和 Bootstrap 仿真分析方法对黄石市社会保障制度与经济发展之间的关系进行了实证检验。

第四节 本书的研究思路和内容框架

本书的总体研究思路是运用劳动经济学、人口学、社会保障学、精算学和计量经济学的理论知识和方法，从可持续发展理论入手，实证分析了资源枯竭城市社会保障的现状及其面临的三大挑战。运用人口分析技术和PADIS – INT 模型分析并预测了资源枯竭城市未来30年人口年龄结构变化和劳动力供给变动趋势，在此基础上，运用精算学理论深入分析了人口年龄结构变化对资源枯竭城市社会保障基金收支的影响。以黄石市第六次人口普查数据为基础，阐述了在新型城镇化推动下人口迁移对资源枯竭城市社会保障制度的冲击，并提出相应的政策建议。运用计量经济学分析方法实证分析了资源枯竭城市经济转型与社会保障制度改革之间的互动关系，探寻资源枯竭城市转型过程中社会保障制度可持续发展的优化路径，以此形成经济与社会可持续发展的良性互动机制。

具体来说，全书共分为七章，各章的研究内容如下：

第一章导论部分主要论述了本研究的背景和意义、相关文献综述、研究的思路和主要内容。

第二章论述了资源枯竭城市社会保障制度可持续发展的相关理论。在对资源枯竭城市的概念与特征、可持续发展的内涵进行了界定的基础上，重点阐述了资源枯竭城市社会保障制度可持续发展的主要思想、基本原则、指标体系及其评估方法。

第三章的主要任务是分析资源枯竭城市社会保障制度的发展现状及其面临的挑战。以可持续发展理论为基础，分析了资源枯竭城市社会保险、社会救助以及社会保障收支等方面的运行现状，并提出资源枯竭城市社会保障制度可持续发展可能面临的三大挑战，即经济增速放缓、失业问题突出、人口老龄化加剧。

第四章重点阐述了资源枯竭城市人口转变特征和劳动力供给变化趋势。人口年龄结构预测是分析社会保障基金未来收支变化的核心，本章利用黄石市历年人口变化数据和第六次人口普查数据，分析了黄石市人口年龄结构和劳动力供给的现状，并运用PADIS – INT 模型预测了黄石市未来人口年龄结构和实际劳动力供给的变化，本章的结论将为后面的分析提供人口变化的数据基础。

第五章的主要任务是探讨人口结构变化对资源枯竭城市社会保障基金平衡的影响。从养老保险精算评估模型入手，分别从短期精算平衡和长期精算平衡两个角度深入分析了资源枯竭城市未来人口变化尤其是人口老龄化对养老保险基金的影响，并在此基础上提出资源枯竭城市应对人口老龄化的改革措施。

第六章的主要任务是分析人口流动对资源枯竭城市社会保障制度的影响。新型城镇化推动下农村劳动力大规模迁移到城镇实现就近城镇化是未来经济发展的新趋势，资源枯竭城市人口迁移的特征及其对社会保障制度的影响，关系到城镇化目标能否顺利实现。大规模的频繁的人口迁移对资源枯竭城市社会保障制度提出新的改革要求，需要进行相关的制度创新以适应这种变化。

第七章主要是分析资源枯竭城市经济转型与社会保障制度之间的互动关系。资源枯竭城市可持续发展的关键是经济能否顺利转型，但是经济转型与社会保障制度之间有着相辅相成的关系，本章运用基于VAR的Bootstrap似然比方法检验了经济转型与社会保障制度之间的互动关系，并在此基础上提出有利于经济转型的社会保障制度改革建议。

本书的写作思路和基本框架如图1-1所示：

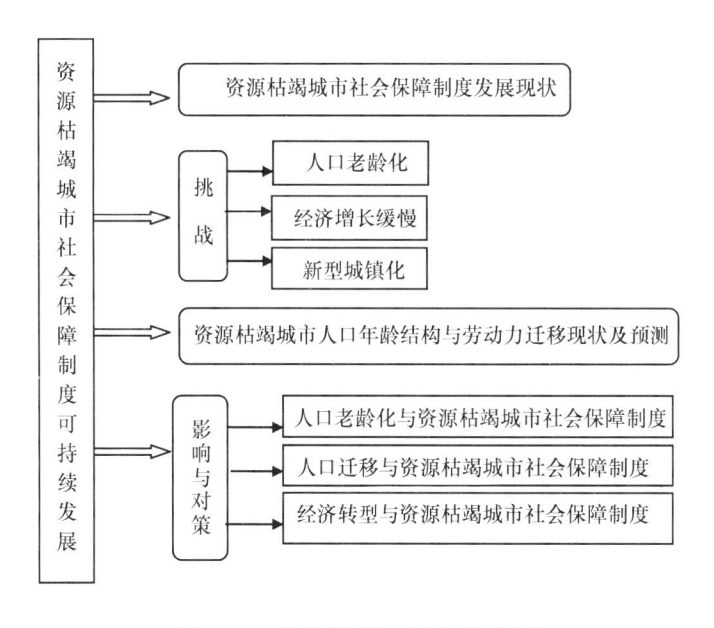

图1-1 本书的写作思路和基本框架

第二章 资源枯竭城市社会保障制度发展与评估的理论基础

资源枯竭城市面临人口老龄化加剧，生态资源与环境破坏严重，这些无疑都加大了社会保障制度的运行成本，使社会保障制度面临着诸多挑战。在资源逐渐枯竭的严峻压力下，资源枯竭城市不得不面临失业率上升、经济增速放缓等现实问题，进而会引发一系列的社会问题，例如劳动力外迁致使养老保险的缴费群体减少，收入下降；失业人口增加使支出不断增加；许多因为企业濒临破产而致贫致困的群体也对资源枯竭城市的社会救助提出考验。经济的可持续发展直接影响到社会保障制度的可持续发展，两者相辅相成。如果这些社会民生问题得不到很好的解决，将进一步恶化颓废而失去活力的经济形势，形成一种恶性循环，因此资源枯竭城市不仅需要寻找新产业新增长点来促进经济转型与发展，也必须关注其他与之密切相关的经济社会制度安排，尤其需要关注与社会民生关系密切的社会保障的发展，扫除资源枯竭城市因为经济发展困境而产生的对社会保障制度可持续发展的经济障碍与制度障碍，使资源枯竭城市社会保障制度真正意义上实现可持续发展。

第一节 资源枯竭城市的界定

一 资源型城市的定义

资源型城市是以本地区矿产、森林等自然资源开采、加工为主导产业的城市（包括地级市、地区等地级行政区和县级市、县等县级行政区）。资源型城市作为中国重要的能源资源战略保障基地，是国民经济持续健康发展的重要支撑。① 根据资源型城市的相关评定标准，中华人民共和国国家发展和改革委员会资源枯竭城市研究课题组界定中国现今共有资源型城市118个（典型60个），其中，石油城市9个（典型8个）、煤炭城市63个（典型31个）、有色冶金城市12个（典型8个）、森工城市21个（典型8个）、黑色冶金城市8个（典型3个）及其他城市5个，分布在中国22个不同地区，涉及总人口约1.54亿。②

从资源型城市的形成与发展过程来看，一般都是先有资源如矿产，后有城市，潜在的资源形成该地区的经济增长点，引发人口集聚，地区城市化速度加快，形成新的城市。伴随开采能力和开采规模的不断扩大，资源型产业逐步壮大，成为城市的主导产业，促进城市经济迅速发展并达到鼎盛阶段。由于资源型城市的资源大多属于不可再生资源，随着资源的大规模开采，资源型城市的资源逐渐减少并趋于枯竭，主导产业停滞，城市经济发展可持续性受到挑战，资源枯竭城市为了寻求新的经济增长点，必须进行经济转型，寻找新兴替代型产业，以促进城市经济获得新的发展和飞跃。资源型城市的主导产业是依托资源优势发展起来的，在工业化和城市化初期，经济发展对资源的需求量较大，资源市场呈现供给短缺，这给资源型城市的资源导向型发展模式提供了巨大机会。随着产业规模和城市规模的扩大，大部分资源型城市往往秉承资源产业带动城市经济的单一经济发展模式，形成了资源产业的"锁定效应"。从三次产业的构成来看，资源型城市第二产业占主导地位，但这种主导地位是由大量输出原材料和资源密集型的初级产品拉动，产业呈现粗放型、资源依赖、低技术含量等特征，高深加工产品输出较少，产品附加值较低。另外，部分资源型城市不注重构建与资源相关的前后产业链，产业持续力不强。

二 资源枯竭城市的界定

资源枯竭城市，是指矿产资源开发进入后期、晚期或末期阶段，其累计采出储量已达到可采储量的70%以上的城市。

为了加快资源枯竭城市的经济转型与发展，2007年，中华人民共和

---

① 《全国资源型城市可持续发展规划》（2013—2020），http：//www.gov.cn/zwgk/2013/12/03/content_2540070.htm。
② 王军、耿建：《资源枯竭型城市可持续发展能力的实证研究》，《经济问题》2012年第1期。

国国务院出台了《国务院关于促进资源型城市可持续发展的若干意见》（国发〔2007〕38号文件）。2008年3月，国务院确定了12个城市（县、区）为第一批资源枯竭城市；2009年3月，国务院确定32个城市（县、区）为第二批资源枯竭城市；2011年11月，国务院确定25个城市（县、区）为第三批资源枯竭城市，并规定大小兴安岭林区9个县级单位参照执行资源枯竭城市。如表2-1所示。

表2-1　　　　　　　　资源枯竭城市类型划分①

城市级别	城市类型	城市名称
地级城市	石油类	盘锦
	煤炭类	阜新、抚顺、七台河、辽源、淮北、萍乡、枣庄、焦作、铜川、石嘴山
	金属类	铜陵、黄石、白银
	森工类	伊春、白山、大兴安岭
	非金属类	景德镇
县级城市	石油类	潜江、玉门
	煤炭类	北票、九台、孝义、耒阳、资兴、华蓥、合山
	金属类	大冶、冷水江、灵宝、个旧
	森工类	五大连池、舒兰、敦化、阿尔山
	非金属类	钟祥
市辖区	煤炭类	南票、鹰手营子、下花园、万盛
	金属类	杨家杖子、弓长岭、万山、东川

黄石市是中华人民共和国国务院第二批确定的资源枯竭城市，黄石市位于长江中下游南岸，拥有长江岸线73公里，黄石港是长江十大良港之一，为国家一类开放口岸。黄石市是国家134个公路运输主枢纽城市之一，是中国中部崛起战略中"三基地一枢纽"的重要组成部分。国家运输主动脉沪蓉高速穿城而过，106（316）国道贯通南北，大（庆）广（州）、杭（州）瑞（丽）高速公路在黄石市境内呈"十"字交叉，大广

---

① 余建华、张文忠等：《中国资源枯竭城市的转型效果评价》，《自然资源学报》2011年第1期。

高速通过鄂东长江公路大桥与沪渝高速交汇于黄石市城区。武九铁路贯穿黄石市，武黄城际铁路将武汉与黄石市纳入半小时交通生活圈，率先迈入城铁时代。黄石市是鄂、赣、皖三省交界地区的重要枢纽，未来5年将形成一条长江、两条铁路大动脉（武九线连接京广、京九铁路）、三座大桥、三条高速公路（沪蓉、大广、杭瑞）、三大物流园区（花湖、罗桥、棋盘洲）的交通和物流格局。2007年，在湖北省政府批准的《武汉城市圈总体规划》中，将黄石市定位为武汉城市圈副中心城市。2008年9月10日中华人民共和国国务院正式批复的"武汉城市圈"综合改革方案中，黄石市是"武汉城市圈"副中心城市。经过建市60多年的建设和发展，黄石市已形成了包括冶金、建材、能源、服装、机械、化工、医药等14种主导产业在内的工业门类与相对完整的产业体系。截至2013年，黄石市拥有2家销售收入过200亿元的企业、5家百年老厂、7家上市公司，拥有工业产品5000多种、中国名牌5个、中国驰名商标5件、湖北名牌50个。拥有省级以上高新技术企业72家，其中国家级高新技术企业3家。以新冶钢、大冶有色、华新、东贝、三环锻压、劲牌酒业、美尔雅等为代表的一批企业在发展中逐步确立了其在行业中的龙头地位。本书将立足于黄石市，以它作为资源枯竭城市的代表，来探索资源枯竭城市社会保障制度可持续发展中面临的挑战及其改革路径。

第二节 可持续发展的理论基础

一 可持续发展理论的产生与发展

传统的经济发展观主要是建立在工业革命时期倡导的无限增长观，即各国以财富的快速增长为主要目标，以对自然资源的高消耗，生态环境的加速破坏以及社会不平等加剧等为代价来一味地追求经济的高速增长，这种发展观虽然使各国经济实力在短期内得到了大幅度地提升，但是其引发的问题也是不可忽视的，甚至对经济发展产生了致命的打击。在传统单纯追求经济增长的发展观的影响下，世界各国的人口加速膨胀，各国生态环境污染严重，全球性的生态自然灾害频发，不可再生自然资源加速枯竭，贫困、失业、贫富差距扩大等问题不断凸显，这些问题反过来严重阻碍了经济的发展，甚至使经济出现衰退。这些问题所形成的压力促使人们对传统增长理论和发展模式产生了质疑和探讨，由此而逐步形成了可持续发展的思想。

　　大规模工业化使生态环境日益恶化，环境污染直接威胁人类的身体健康。人口增长和人们消费需求的日益膨胀使自然资源遭到盲目或过度开发，许多资源面临枯竭甚至走向灭绝。这些问题和现象促使人们反思，人类赖以生存的地球所拥有的资源和环境的"承载力"是否存在负荷极限？人类社会如何发展才能实现人、资源、环境、生态等协调发展？可持续发展的思想的提出源于资源环境破坏使人们尝到苦果，进而加深了对资源环境问题的认识。1962年，美国生物学家蕾切尔·卡森（R. Carson）的著作《寂静的春天》描绘了一幅由于农药污染带来的可怕景象，指出人类将失去"阳光明媚的春天"，该书引发了人们对传统发展观的思考。1972年，非正式国际学术团体罗马俱乐部发表了研究报告《增长的极限》，针对传统高增长理论进行了反驳，富有挑战性地提出了"增长极限论"，认为"在以往的发展模式基础上，只要人口增长和经济增长的正反馈回路继续产生更多的人和更高的人均资源需求，这系统就将被推向它的极限——耗尽地球上不可再生资源。避免因超越地球资源极限而导致世界崩溃的最好办法是世界经济和人口必须在限定的期限内停止增长或实现'零增长'"。[①] 该报告首次提出"持续增长"和"合理的持久的均衡发展"概念，被认为是可持续发展思想的萌芽；1980年，在国际自然资源保护联合会受联合国环境规划署委托起草的《世界自然资源保护大纲》中，系统阐述了可持续发展思想；1987年，在联合国环境与发展委员会发表的《我们共同的未来》的报告中，阐述了可持续发展是人类解放环境和发展问题的根本原则，把可持续发展定义为"既满足当代人需要，又不对后代人满足其需要的能力构成危害的发展"，这一概念得到了广泛的接受和认可。至此，可持续发展思想逐渐成为世界各国和组织的行为准则，人类社会从此进入一个经济、社会、人口、资源、环境等相互协调和可持续发展的新时代。

二　可持续发展理论的内涵

　　可持续发展的内涵非常丰富，从不同角度定义，其内涵也大不相同。具有代表性的几种观点概括如下：

---

① 丹尼斯·梅多斯：《增长的极限》，李宝恒译，吉林人民出版社1997年版。

(一) 从经济属性定义可持续发展

从经济属性定义的可持续发展强调经济系统与生态系统之间的动态协调发展，人类的经济活动应该以避免破坏生态系统的多样性及其功能为前提。因此，巴伯（Barbier，1989）提出可持续发展应表示为"在保护自然资源的质量和其所提供服务的前提下，使经济发展的净利益增加到最大限度"。经济发展应该从传统的以牺牲资源与环境为代价的发展转变为以保护环境资源为前提条件的发展。经济学家皮尔斯（Pearce，1990）提出可持续发展是"今天的资源使用不应减少未来的实际收入"，"当发展能够保证当代人的福利增加时，不会使后代人的福利减少"。[①]

(二) 从社会属性定义可持续发展

1991年由世界自然保护同盟、联合国环境规划署和世界野生生物基金会共同发表的《保护地球：可持续生存战略》中将可持续发展定义为"在生存不超出维持生态系统承载能力的情况下，改善人类的品质"。这种定义更多地从社会性视角强调可持续发展，要求人类的生存方式与生活方式要与地球承载力保持平衡，可持续发展的最终目标是改善人们的生活质量，创造美好的生活环境。[②]

(三) 从自然生态属性定义可持续发展

1991年，国际生态联合会（IN-TECOL）和国际生物科学联合会（IVBS）联合将可持续发展定义为"保持和加强环境系统的生存和更新能力"。即可持续发展是不超越环境系统再生能力的发展，这种定义突出了自然生态属性，它是在经济发展的同时寻求一种最佳的生态平衡系统，使人类的生存环境不会因为经济发展而受到破坏，改进人类生活质量的同时保障生态系统的正常运行，不能超越它的负荷能力。

(四) 国际社会普遍接受的可持续发展概念

1987年，《我们共同的未来》中对可持续发展的定义为"可持续发展是指既满足当代人的需求，又不损害后代人满足需要能力的发展"，这一定义得到了全球范围内的接受和认可。《21世纪议程》又大大丰富了可持续发展的概念，它提出将经济、社会与环境资源作为一个大系统，不仅涉

[①] Moran Munasinghe, "Interactions Between Climate Change and Sustainable Development – an Introduction", *Global Environmental Issues*, 2001 (2).

[②] Kneese, Allen., "Economics and Environment", *Harmond Worth*, 1997.

及环境保护问题,还涉及经济可持续与社会可持续发展的问题,三者密不可分;可持续发展的主题是消除贫困,以实现人口、消费和地球承载力相平衡的可持续发展战略。

综上所述,可持续发展以保护自然为前提,以资源环境的承载力为基础,以改善和提高人类生活质量为目的。经济发展的同时要注重保护生态环境,改变传统的生产和消费方式,倡导低碳生产、低碳消费、低碳出行等行为。节约利用可再生资源,使人类的发展保持在地球的承载力范围内。促进和增进人类健康,提高贫困人口的消费水平,消除贫困。可持续发展包括经济可持续发展、社会可持续发展和生态可持续发展,三者相辅相成,不可分割。生态可持续是基础,经济可持续是条件,社会可持续是目的。

三 可持续发展的基本原则

(一) 公平性原则

公平性是指机会选择的平等性,具有两方面的含义:一是指代内公平,即当代人之间的横向公平性。强调自然资源应该在全球或全国范围内进行公平分配,消除贫困。二是指代际公平,即当代人与未来各代人之间的纵向公平。自然资源是稀缺的,部分资源甚至不可再生,后代人应该拥有使用自然资源和享受良好生态环境的权利,因此应该建立满足后代人发展需要的资源永续利用机制和生态环境保护机制。

(二) 可持续性原则

可持续性原则的核心是指人类经济和社会发展不能超越资源环境的承载力。保持资源的可持续利用和生态系统可持续性是人类社会可持续发展的首要条件。可持续发展要求人们的生产和生活行为必须在自然资源和生态环境可承受的范围内。当生态系统受到某种干扰时,它可以自行恢复并保持原有生产能力,承载各个环节、各个层次的物质要素,并不断存在并演化下去。

(三) 共同性原则

可持续性发展是世界各国发展的共同目标,因此,要实现这一目标,需要全人类共同参与和努力。在全球化的今天,地球已经融合成一个地球村,地区性问题往往会转化为全球性问题,因此,地球村上的生态环境就是一个有机的统一的整体,各国都应该为实现可持续发展而承担相应的责任，各国需要加强合作，建立公平的全球伙伴关系，制定统一的行动准则和发展目标，全球共有的资源才能得到科学利用和共有共享，以此促进人类与人类之间、人类与自然之间的协调发展。

第三节 社会保障制度可持续发展的主要思想

可持续发展是由经济、社会、生态三大系统相互联系、相互制约，因此，可持续发展包含经济的可持续发展、社会的可持续发展和生态的可持续发展。经济的可持续发展强调不仅重视经济数量上的增长，更追求质量的改善和效率的提高，倡导清洁生产和适度消费。社会的可持续发展强调改善人类生活质量，提高人类健康水平，创造一个自由、平等的社会环境。生态的可持续发展强调自然资源的节约利用和可持续性，保护生态环境。社会保障制度是中国一项基本的经济社会制度，必须具有长期发展的稳定性和可持续性。中国社会保障制度发展的经济基础比较薄弱，统筹兼顾难度大，因此中共中央十八届三中全会《决定》提出，在全面建成小康社会的决定性阶段，必须紧紧围绕更好保障和改善民生、促进社会公平正义，深化社会体制改革，推进社会领域制度创新，推进基本公共服务均等化，建立更加公平可持续的社会保障制度。《决定》明确提出要加快建立健全保证社会保障制度可持续发展的体制机制。

社会保障制度的发展与人口结构、经济水平以及社会体制都密切相关，因此社会保障制度可持续发展涉及面广、影响大，是一项复杂的社会系统工程，它不仅关系广大人民群众的养老、医疗等重要民生问题，直接影响到社会的稳定；还关系劳动力市场的供求、金融市场乃至整个经济的发展。如果社会保障制度安排不合理或出现体制机制缺陷，将会引发社会动荡，甚至爆发经济政治危机。在人口老龄化、城乡二元结构、经济发展不平衡等因素的影响下，中国当前的社会保障制度呈现制度碎片化、多层次，保障水平差异化，债务风险隐性化、扩大化等问题，严重影响社会保障的可持续发展。因此，中国应该结合当前社会保障资源禀赋不足的现状，从可持续发展的视角，对当前社会保障制度进行体制和制度创新，注重制度设计的公平性和可持续性，提高制度的运行效率和长期收益性。

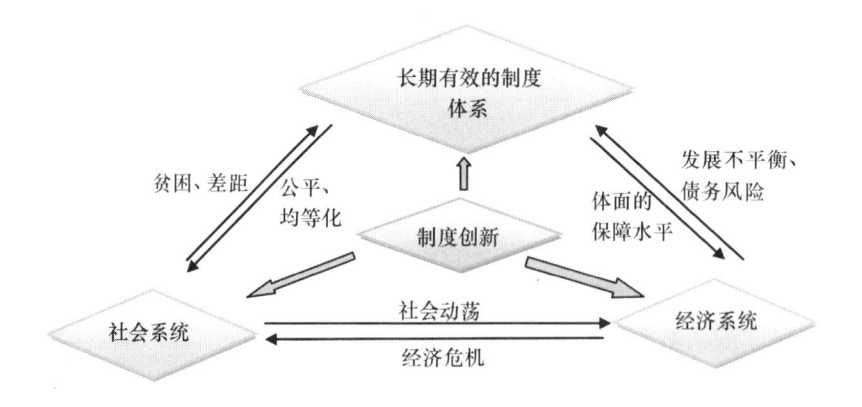

社会保障制度可持续发展主要是从社会可持续和经济可持续两个角度去衡量。从社会属性的角度，社会保障制度可持续性是指每个公民应该享有基本的养老、医疗等权利，并且这种权利应该在某种程度是对等的或相同的，不能厚此薄彼；社会保障制度应该保证每个人的养老水平和医疗质量等保障能够不断地得到提高和改善。社会保障的可持续性应该从社会公平的角度，通过经济转移支付的方式来帮助社会弱势群体，消除贫困，从而减少各种社会矛盾带来的社会不稳定因素，实现社会的可持续发展。从经济属性的角度，社会保障水平太高或者福利水平太高会对财政支出或经济带来巨大的压力，产生隐性或显性的债务风险，控制不好可能会引发更大的社会经济问题，因此如何在风险可控的范围内制定一个合理的可持续性的社会保障水平需要进行深入的技术创新和制度设计，以保障社会保障制度经济的可持续性，这是社会保障制度可持续发展的核心问题和条件，没有社会保障制度经济的可持续性，也不会存在社会保障制度社会的可持续性。合理安排社会保障资源，动态考虑未来社会保障供给和需求的变化趋势，做好社会保障基金的收支平衡测算，使社会保障资源与经济承载能力协调发展。因此，社会保障制度可持续发展是既要满足当代人基本社会福利需求，同时又不危及后代人满足其需求的发展。其内涵如图2-1所示。

图2-1 社会保障制度可持续发展内涵

第四节 资源枯竭城市社会保障制度可持续发展的基本原则

一 公平优先、兼顾效率的原则

社会保障是国家通过立法并依法采取强制手段对国民收入进行再分配，对暂时或永久失去劳动能力及因各种原因造成生活困难的社会成员提供基本生活保障，以保证劳动力再生产、社会安定、经济有序进行的措施、制度和事业的总称。[①] 社会保障制度通过再分配的手段来优化配置市场资源，最终目的是保障社会公平。初次分配倡导效率优先原则，资源禀赋丰富的国家或群体可以从市场配置中获取较多利益，部分没有劳动能力或者劳动能力较低的群体在初次分配中获益较少，形成马太效应，造成社会财富两极分化，加剧社会矛盾。市场经济并不能保障分配的公平，因此需要社会保障制度对初次分配进行调节和修正，通过转移支付制度，尽可能地缩小地区间、个人间的贫富差距，维护社会稳定，实现社会公平。

美国经济学家阿瑟·奥肯根据税收的转移支付问题提出著名的"漏桶"原理，他认为"再分配之桶"上有一个漏洞，即富人交了一元钱的税，但是真正转移支付到穷人手上的只有其中一部分，因此以平等的名义进行的再分配实际上是以损失经济效率为代价的，追求平等损害了效率，使国民收入减少了。政府通过各种手段进行的再分配，在某种程度上会降低工作和储蓄的积极性，这将导致实际产出水平的减少。因此，在进行社会保障制度设计时应该首先秉承其社会公平的优先原则，在社会公平的基础上去考虑经济效率，尽可能设计一些激励机制，将社会保障受益群体的权利与义务对等起来，多缴多得。

资源枯竭、经济衰退、生态环境恶化、失业率居高不下，人们收入水平下降等一系列社会经济问题，已严重制约资源枯竭城市的发展。因此，对于资源枯竭城市社会保障制度，应该坚持以社会公平为主的原则，充分保障失业群体或低收入群体的基本权益，提高社会保障运行效率和基金投资收益率，尽可能做到开源节流。

---

① 李珍：《社会保障理论》，中国劳动社会保障出版社2001年版，第8页。

二 可持续原则

社会保障制度的目标是保障劳动力再生产、社会安定和经济稳定增长，这与经济可持续发展和社会可持续发展的目标是一致的。社会保障可持续性主要是指制度的长期有效性和财务的可持续性，这是社会保障制度发展的核心条件。可持续发展的制度应该是经过深思熟虑和科学安排的，一旦实施，就应该确保其长期性和有效性，这样才能树立人们对制度的信任；同时中国社会保障制度是以政府为主导，制度设计时应该在政府责任和公众个人责任之间进行合理定位，强调政府对制度具有兜底作用，以保障个人的权益得到应有保护。社会保障水平具有一定的刚性，因此制度设计上要考虑未来各种因素对社会保障制度的影响和冲击，合理确定社会保障水平，保障政府财政支出能力在社会保障基金收入可以承受的范围内进行社会保障支出，保证基金收入和基金支出的平衡发展，防范并控制可能出现的财务风险。

在资源枯竭城市，可持续原则是社会保障制度发展的核心。主导产业资源型企业纷纷转型，部分企业濒临破产，大量工人失业，部分劳动力外迁，历史包袱沉重，这些都导致资源枯竭城市社会保障基金收入下降而支出增加，财务无法平衡发展，因此如何设计社会保障制度以保持可持续发展是资源枯竭城市社会保障制度发展的重中之重。

三 目标管理原则

社会保障制度是一个复杂的内涵丰富的多元化的制度安排体系。在中国，正式的社会保障制度包含社会保险、社会救济、社会福利和社会优抚四大部分，其中社会保险包含养老、医疗、失业、工伤、生育五大保险，社会救济包括贫困人口、自然灾害和孤寡病残三大救济，社会福利包括社会津贴、职工福利和福利服务等，社会优抚包括国家抚恤、国家补助、退伍安置和退休安置等。针对不同的社会保障内容，其终极目标可能各有差异，因此需要针对每项制度进行合理安排，从目标导向着手，在经济基础运行的前提条件下，从覆盖群体、筹资渠道（或缴费标准）、待遇水平、管理机制等方面进行优化设计，寻求最优的制度安排模式来实现社会保障制度的可持续发展。当然，目标制定必须充分考虑公平与效率的平衡、制度的长期有效性和长期运行效应等方面的内容，只有目标设定科学，围绕目标展开的各项工作才能产生价值。这一点资源枯竭城市与非资源枯竭城市是一致的。

四 制度创新原则

制度创新是社会保障制度可持续发展的动力源泉。社会保障制度要实现可持续发展，就需要不断对制度本身进行制度创新和技术创新，否则制度可能会因为不适应经济发展需要或运行效率低下等原因而无法维持或发展下去。社会保障制度历经 100 多年的演变，从内容到模式都发生了许多革新，中国社会保障制度也必须结合中国的人口特点、经济发展特点等具体条件的变化而进行相应地制度改革。在制度目标导向下，通过制度创新，可以充分调动制度供求方的参与积极性，有效地降低制度运行成本与管理成本，提高制度运行效益与收益，减少制度风险，使社会保障制度能够与时俱进。制度创新有利于实现社会保障制度与经济发展的良性循环，一方面保证所有人民群众可以及时享受到社会经济发展的成果，另一方面也可以促进社会经济又好又快地发展。资源枯竭城市社会保障制度面临更多的困难与挑战，科学有效的制度创新，可以为企业、为社会创造更多的边际效益，实现收益一定条件下最小投入，或者投入一定条件下收益最大，有利于解决资源枯竭城市社会保障制度资金不足或财务风险问题。因此，制度创新是资源型城市社会保障制度实现可持续发展的主要力量和有效途径。

第五节 资源枯竭城市社会保障制度可持续发展的评价指标

1996 年由联合国可持续发展委员会（CSD）与联合国政策协调和可持续发展部（DPCSD）等部门，在"经济、社会、环境和机构四大系统"的概念模型和驱使力（Driving force）—状态（State）—响应（Response）概念模型（DSR 模型）的基础上，结合《21 世纪议程》中的各章节内容提出了一个初步的可持续发展核心指标框架，提出了可持续发展指标体系。[1] 该体系一共包含 134 个指标，涵盖社会指标（41）、经济指标

---

[1] 叶文虎等：《联合国可持续发展指标体系述评》，《中国人口资源与环境》1997 年第 9 期。

(23)、环境指标（55）、能力建设（15）四个方面。可持续评价是可持续发展研究的重要内容，它为决策者提供了自然—社会—经济这一复杂系统运行和发展信息，将复杂系统信息化和定量化，为管理者提供决策依据。

资源枯竭城市可持续发展评估指标可以从经济、社会和环境三个层面来分解和细化。运用到社会保障制度发展中，以压力—状态—响应模型为框架，本书也分别从经济、社会和环境三个方面来评价资源枯竭城市社会保障发展情况。

一 经济指标体系

（一）动态的社会保障水平

社会保障水平是用社会保障支出总额与国内生产总值的比值来表示，国际社会通常用这个指标来反映一个国家或一个地区社会保障的总体状态，并用这个指标来进行横向或纵向对分分析。社会保障水平不仅要与当时当地GDP发展水平保持一致，同人民群众的生活质量保持一致，还需要保持适度的增长水平，使这种水平能够满足未来的需要。但是这种社会保障水平一定要在一国或一个地区经济发展的承受能力范围内，避免发生社会保障财务危机。

（二）社会保障禀赋资源

社会保障资源包括基本养老保险水平、医疗水平、社会救济水平、社会福利水平、社会保障基础设施投入等。社会保障资源供给要与需求保持平衡，既要考虑到当代人社会保障需求和福利水平的提高，还要考虑到未来社会保障需求和福利水平的变化。社会保障水平的发展具有一定刚性，上升容易下降难。社会保障制度要实现可持续发展，人均社会保障资源必须保持一定的增长速度。因此，两个方面之间如何协调发展，是社会保障制度可持续发展需要考虑的重要问题之一。社会保障资源禀赋主要与社会保障基金支出密切相关，表现为过去、现在和未来三个方面。社会保障制度改革形成的历史负债或隐性债务需要通过划拨部分国有资产或财政性转移支付来偿还；在资源枯竭城市，历史包袱问题更为突出，应将其纳入到可持续发展评估指标中。当前企业和个人缴纳社会保障费用，政府制定社会保障财政支出预算等来保障退休人群或贫困弱势群体获得应有社会保障权益或福利待遇；尤其是当前部分企业破产可能引发的失业人群社会保障权益问题，在资源枯竭城市社保制度发展中显得尤为突出。人口老龄化和社会保障水平提高将促使未来社会保障支出的增加，未来可能出现经济暂时性衰退但社会保障水平无法下降，进而产生社会基金入不敷出，如何将社会保障水平的增长速度控制在一个合理适度的水平内，这些都需要对相应指标进行评估和监测，因此这些指标都应该纳入到资源枯竭城市社会保障制度可持续发展评价指标体系中。

（三）经济发展水平

社会保障与经济发展之间是相互作用、相互促进的。经济发展是基础，它决定着社会保障制度的产生和发展，经济发展水平的高低直接决定着社会保障基金的筹资能力和政府转移支付的能力。反过来，社会保障制度发展的好与坏也直接影响着经济发展的顺利与否。科学适度的社会保障制度可以为经济发展提供稳定的社会发展环境，合理配置劳动力资源，对经济发展有直接促进作用。社会保障制度超前或滞后发展则会阻碍经济发展，损害经济发展活力和动力。因此，在评价资源枯竭城市社会保障制度可持续发展时，需要涵盖描述一国或一个地区经济发展水平的总量指标与相对指标，如国内生产总值、社会保障财政支出比例、经济增长率、真实储蓄率、就业率、实际利率、人均可支配收入等。

二 社会指标体系

（一）人口结构

人口结构与经济增长之间存在一种相辅相成的关系，人口结构包含生育率、少年抚养比、老年抚养比、人口老龄化等指标。在研究养老保险制度可持续发展的文献中，人口结构是影响养老保险可持续发展的重要因素之一。生育率和死亡率下降，导致少年抚养比下降，老年抚养比上升，人口老龄化程度加剧，这些因素将直接导致养老保险的缴费人群减少而领取养老金的退休人群增加，养老保险基金的支出压力上升，财务可持续性风险增大。资源枯竭城市在经济转型期面临经济衰退，失业人口增加，劳动力迁出等压力，人口老龄化对这些城市无疑是雪上加霜。在老龄化冲击下，资源枯竭城市养老保险的财务风险将更加突出，需要防范和控制。

（二）教育水平

教育水平指标代表一国人力资本水平，而人力资本水平又直接影响经济增长速度，经济发展规模和增长速度又对社会保障水平产生影响。衡量一国或一个地区教育水平的指标有很多，如识字率、人均受教育年限等。

(三) 健康状况

健康状况是间接衡量人民生活质量的指标，经济发展水平对人民的健康状况有直接影响，一般而言，经济发展水平越高，人们的健康状况就会越好。经济发达地区在卫生、生活环境、医疗防治以及营养等方面的投入相对较多，这些对居民的健康状况都会有极大的影响。反过来，居民的健康水平越高，所需的医疗支出就会越少，能一定程度上减少医疗保险支出。衡量居民健康状况的指标有婴儿死亡率、预期寿命、人均医疗卫生资源等。

三 制度环境指标体系

(一) 社会保障方式和主要内容

社会保障制度是否健全和完善也直接影响人们对制度的信任度和满意度，影响制度的可持续发展。社会保障制度包括社会保险、社会救助和社会福利等内容，不同地区不同群体在社会保障方面是否能够享受相同的待遇和权利，不同地区不同群体的社会保障制度是否能够相互接续和转移，社会保障制度的改革与创新是否有利于经济和社会发展等指标都直接或间接衡量了一国社会保障制度的制度环境，制度环境的改善有利于促进制度的可持续发展。

(二) 社会保障法制化程度

社会保障法制化程度越高，则社会保障制度的执行力度越强，社会保障制度的参与群体的权益就越受到保护，社会保障制度的需求相应也会越高。

四 资源枯竭城市社会保障制度可持续发展的压力—状态—响应概念框架

资源枯竭城市相对于非资源枯竭城市来讲，社会保障制度发展面临更多的困难和挑战。将压力—状态—响应概念框架应用到资源枯竭城市社会保障制度分析中，有利于有计划地针对困难和挑战进行制度创新，以实现资源型城市社保制度的可持续发展。资源枯竭城市社会保障制度可持续发展的压力—状态—响应概念框架具体如图 2-2 所示。从压力指标中可以看出，资源枯竭城市社会保障制度未来面临的挑战主要有资源枯竭引发经济衰退、劳动力向外迁移、人口老龄化等方面，这些因素将对资源枯竭城市社会保障制度产生何种影响？面对这些挑战，资源枯竭城市社会保障制度应该从哪些方面进行改革以应对这些变化？这些问题将在本书后面几章中详细阐述和分析。

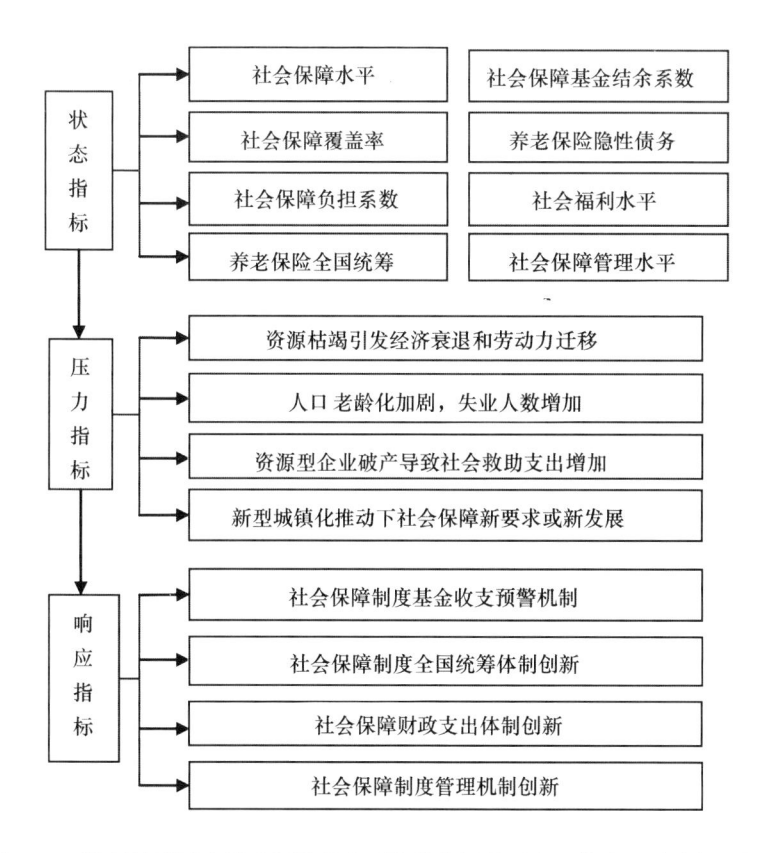

```
状态指标 ──┬── 社会保障水平        社会保障基金结余系数
          ├── 社会保障覆盖率      养老保险隐性债务
          ├── 社会保障负担系数    社会福利水平
          └── 养老保险全国统筹    社会保障管理水平

压力指标 ──┬── 资源枯竭引发经济衰退和劳动力迁移
          ├── 人口老龄化加剧，失业人数增加
          ├── 资源型企业破产导致社会救助支出增加
          └── 新型城镇化推动下社会保障新要求或新发展

响应指标 ──┬── 社会保障制度基金收支预警机制
          ├── 社会保障制度全国统筹体制创新
          ├── 社会保障财政支出体制创新
          └── 社会保障制度管理机制创新
```

图 2-2 资源枯竭城市社会保障制度可持续发展的压力—状态—响应概念框架

第三章 资源枯竭城市社会保障制度的发展及其挑战

第一节 资源枯竭城市可持续发展水平的比较分析

一 资源枯竭城市可持续发展的指标体系

2013年12月,中华人民共和国国务院颁布了《全国资源型城市可持续发展规划》(2013—2020)(国发〔2013〕45号),其中针对资源型城市可持续发展分别从经济发展、民生改善、资源保障和生态环境保护四个方面拟定了评价指标。社会保障发展与经济发展密切相关,经济发展是社会保障可持续发展的基础和前提。本节在数据资料可获取的条件下,借鉴了资源型城市可持续发展规划中的部分评价指标,并引入了社会保障发展指标,以此来综合评价社会保障可持续发展水平,具体评价指标和数据如表3-1和表3-2所示。

表3-1 2011年地级市及以上资源枯竭城市可持续发展指标水平(一)

地区	经济发展水平			民生改善	
	服务业增加值占地区生产总值比重(%)	地区生产总值(万元)	规模以上企业产值(万元)	在岗职工平均工资(元)	城镇登记失业率(%)
内蒙古乌海市	26.27	4832452	7377206	42941.89	4.30
辽宁抚顺市	34.87	8690626	15457562	36908.66	5.72
辽宁阜新市	32.86	2506946	4864643	35823.43	4.20
辽宁盘锦市	44.31	7226275	14167633	46836.1	2.95
吉林辽源市	38.32	2966926	5214193	27945.47	3.78

续表

地区	经济发展水平			民生改善	
	服务业增加值占地区生产总值比重（%）	地区生产总值（万元）	规模以上企业产值（万元）	在岗职工平均工资（元）	城镇登记失业率（%）
吉林白山市	31.69	2576521	2712961	31180.04	3.15
黑龙江伊春市	32.86	1479634	1455567	19266.57	6.60
黑龙江七台河市	27.51	2443310	3413900	35164.93	2.91
安徽淮北市	25.46	4090208	9080482	52502.71	4.22
安徽铜陵市	24.16	4864892	13411718	42308.15	4.87
江西景德镇市	31.49	3237759	4544205	30157.85	1.76
江西萍乡市	29.02	4065058	7780393	33000.12	2.31
山东枣庄市	28.19	8335562	18168700	36788.08	2.61
河南焦作市	43.01	2855836	5993672	36439.77	0.91
湖北黄石市	30.63	5047600	9884300	32841.41	4.73
广东韶关市	50.14	3959295	5266212	41298.81	7.82
陕西铜川市	29.27	2171080	2989324	35598.82	1.17
甘肃白银市	29.42	2453969	4843288	41218.01	3.11
宁夏石嘴山市	31.04	2676297	4487837	39271.8	5.44

表 3-2　2011 年地级市及以上资源枯竭城市可持续发展指标水平（二）

地区	社会保障			资源与环境		
	养老保险参保人数（人）	医疗保险参保人数（人）	失业保险参保人数（人）	绿化覆盖率（%）	单位工业用电量（万千瓦时/万元）	单位GDP电耗（万千瓦时/万元）
内蒙古乌海市	148098	451301	105013	35.29	0.8141	0.2988
辽宁抚顺市	798508	966372	482430	39.3	0.2843	0.1258

续表

地区	社会保障			资源与环境		
	养老保险参保人数（人）	医疗保险参保人数（人）	失业保险参保人数（人）	绿化覆盖率（%）	单位工业用电量（万千瓦时/万元）	单位GDP电耗（万千瓦时/万元）
辽宁阜新市	351607	678211	169471	39.95	0.2912	0.1450
辽宁盘锦市	255066	823973	239753	40.67	0.1418	0.0808
吉林辽源市	164452	183026	55948	38.54	0.1308	0.0642
吉林白山市	96259	226365	37271	32.68	0.1967	0.0864
黑龙江伊春市	233895	414429	115371	25.39	0.4068	0.1345
黑龙江七台河市	97665	165525	79314	42.85	0.1053	0.0625
安徽淮北市	302973	384326	225772	43.18	0.1443	0.0755
安徽铜陵市	145184	235382	133042	46.71	0.1919	0.1004
江西景德镇市	268288	183827	90181	55.47	0.0621	0.0453
江西萍乡市	228501	511524	115841	48.33	0.1914	0.1100
山东枣庄市	324874	854248	248147	39.06	0.1555	0.0779
河南焦作市	262324	606348	204045	39.6	1.2513	0.5318
湖北黄石市	358604	441273	220686	38.49	0.3006	0.1327
广东韶关市	238814	518228	168416	44.93	0.2045	0.1297
陕西铜川市	159497	351133	109969	42.63	0.5969	0.2747
甘肃白银市	46519	159996	93698	26.39	1.2619	0.3429
宁夏石嘴山市	164599	284782	88879	38.2	1.2108	0.4788

二 资源枯竭城市可持续发展的评估方法

如何将社会、环境和经济三个子系统的作用和关系进行量化分析是资源枯竭城市社会保障制度可持续发展评价中需要解决的关键问题。国内外关于可持续发展综合评价定量分析的研究可以分为两大类：一类为建立统一量纲的评价模型,被称为概念模型;另一类是建立一套综合指标体系并推算出一个或几个无量纲的评价指标,被称为线性组合模型。比较有代表性的概念模型有绿色 GDP、生态足迹、能值分析、人类活动强度、人类消费对地球生态的压力、基于资源承载力的可持续发展评价模型等。线性组合模型有简单的线性组合模型,如人文发展指数模型(HDI);复杂的线性组合模型,如可持续发展指标体系。可持续发展指标体系考虑的因素较多,强调模型的全面性和精确性,有利于全面描述可持续发展的状态,但是如何将不同因素对可持续发展的影响用相同的量纲表示出来,在统一的尺度上进行比较分析和综合评价,是该模型难以解决的问题,通常采用层次分析法,由专家评分构造判断矩阵求解权向量,其评价结果的客观性难以保障,缺乏一定准确性和公平性。[1] 资源枯竭城市可持续发展包含的内容多,应该采用线性组合模型的方式较为合适。这种评价模式属于多指标综合评价,其基本原理是把多个描述被评价事物不同方面且量纲不同的统计指标转化成无量纲的相对评价值,并综合这些评价值得出对可持续发展的整体评价。本书主要采用多元统计分析中的主成分分析法和因子分析法来评价资源枯竭城市可持续发展能力。

主成分分析法是利用降维的思想把多指标转化为少数几个综合指标的多元统计分析方法。评价资源枯竭城市社会保障制度的指标有很多,单纯依靠原始指标数据评估分析研究对象显得相对复杂。这些指标因素之间彼此存在一定的关联性,反映的信息在一定程度上或有重叠,因此在众多指标因素之间必然存在一些起支配作用的共同因素。主成分分析法就是通过研究原始指标相关矩阵内部结构关系,找出若干个综合指标,这些综合指标即为主成分,它们是原来指标的线性组合。主成分分析进行多指标综合评价的步骤为:①原始指标数据标准化;②求指标数据间的相关系数矩阵 R;③求 R 矩阵的特征根、特征向量和贡献率;④确定主成分的个数 K;⑤综合各主成分分析,求评价对象的综合评价值。主成分分析在将原始指标变换为分量时,同时形成了反映分量和指标包含信息量的权数,这种权数比人为确定的权数更加客观。但是这种评价方法比较模式化,没有更多选择的余地。因子分析的步骤与主成分分析法类似,因子分析是主成分分析的发展,基本思想是根据相关性大小将指标分组,使同组内的指标之间

---

[1] 匡耀求:《广东可持续发展进程2007》,广东科技出版社2011年版,第6页。

相关性较高,而不同组的指标之间相关性较低。每一组指标代表一个公共因子,用较少的几个公共因子来反映研究对象的评估信息。它主要用于研究相关矩阵的内部依赖关系,将多个指标综合为少数几个公共因子,并研究原始指标与公共因子之间的相关关系。这两种方法都具有一定客观性,但是计算繁杂,工作量大。

三 资源枯竭城市可持续发展能力的测算与比较

资源枯竭城市可持续发展的比较分析有助于资源枯竭城市了解自身所处的地位以及与其他城市之间的差距,为后期的发展和目标制定提供指导。本节将以19个地级市及以上资源枯竭城市为研究样本,采用主成分分析法,根据以上11个指标为评价标准,运用2011年数据来计算各城市可持续发展综合指数,并根据最终得分对资源枯竭城市发展进行排名。

将以上11个指标代入SPSS进行因子分析,由于各个变量的度量量纲不统一,因此在对变量进行因子分析前,应对变量进行适当的标准化处理。从11个指标的相关系数矩阵可以看出,社会保障指标养老保险与医疗保险之间的相关系数较高,且通过了显著性检验,地区生产总值与规模以上企业产值的相关系数较高且具有显著性,但是服务业增加值占地区生产总值比重指标与地区生产总值等经济指标的相关性不高,绿化覆盖率与其他环境指标的相关系数也不高。为了验证这些指标是否适合做因子分析,需要对变量进一步做KMO测度和Bartlett球形检验。KMO值用于研究变量之间的偏相关性,一般KMO统计量小于0.5以下不适宜做因子分析。如果对11个指标做因子分析,Bartlett球形检验推翻了相关矩阵为单位阵的原假设,但是KMO值为0.495,即不适合做因子分析。为此,对指标进行筛选,由于绿化覆盖率和服务业增加值占地区生产总值比重两个指标与其他变量之间的相关性不高,因此将其删去,只对剩下的9个指标做因子分析,分析结果如下:

(一)初始变量的相关性检验

KMO和Bartlett球形检验结果,KMO值为0.62,观测指标达到做因子分析的标准;Bartlett球形检验的统计量为152.5,P值接近于0,检验结果推翻了相关矩阵为单位矩阵的原假设,认为各变量之间存在显著的相关性。综合以上两项检验,观测指标可以做因子分析,如表3-3和表3-4所示。

表3-3　　　　　　　　初始分析变量的相关矩阵（一）

	主要变量	地区生产总值（万元）	规模以上企业产值（万元）	在岗职工平均工资（元）	城镇登记失业率（%）
相关系数	地区生产总值（万元）	1.000	0.949	0.377	0.096
	规模以上企业产值（万元）	0.0949	1.000	0.437	0.030
	在岗职工平均工资（元）	0.377	0.437	1.000	0.008
	城镇登记失业率（%）	0.096	0.030	0.008	1.000
	养老保险参保人数（人）	0.644	0.544	0.012	0.251
	医疗保险参保人数（人）	0.742	0.668	0.195	0.098
	失业保险参保人数（人）	0.780	0.722	0.293	0.208
	单位工业用电量（万千瓦时/万元）	-0.311	-0.276	0.124	-0.120
	单位GDP电耗（万千瓦时/万元）	-0.293	-0.261	0.136	-0.149
P值	地区生产总值（万元）	—	0.000	0.056	0.348
	规模以上企业产值（万元）	0.000	—	0.031	0.451
	在岗职工平均工资（元）	0.056	0.031	—	0.487
	城镇登记失业率（%）	0.348	0.451	0.487	—
	养老保险参保人数（人）	0.001	0.008	0.48	0.150
	医疗保险参保人数（人）	0.000	0.001	0.212	0.344
	失业保险参保人数（人）	0.000	0.000	0.112	0.197
	单位工业用电量（万千瓦时/万元）	0.098	0.126	0.307	0.312
	单位GDP电耗（万千瓦时/万元）	0.112	0.140	0.29	0.271

表 3-4　　初始分析变量的相关矩阵（二）

	主要变量	养老保险参保人数（人）	医疗保险参保人数（人）	失业保险参保人数（人）	单位工业用电量（万千瓦时/万元）	单位GDP电耗（万千瓦时/万元）
相关系数	地区生产总值（万元）	0.644	0.742	0.780	-0.311	-0.293
	规模以上企业产值（万元）	0.544	0.668	0.722	-0.276	-0.261
	在岗职工平均工资（元）	0.012	0.195	0.293	0.124	0.136
	城镇登记失业率（%）	0.251	0.098	0.208	-0.120	-0.149
	养老保险参保人数（人）	1.000	0.747	0.914	-0.245	-0.186
	医疗保险参保人数（人）	0.747	1.000	0.828	-0.122	-0.042
	失业保险参保人数（人）	0.914	0.828	1.000	-0.133	-0.089
	单位工业用电量（万千瓦时/万元）	-0.245	-0.122	-0.133	1.000	0.965
	单位GDP电耗（万千瓦时/万元）	-0.186	-0.042	-0.089	0.965	1.000
P值	地区生产总值（万元）	0.001	0.000	0.000	0.098	0.112
	规模以上企业产值（万元）	0.008	0.001	0.000	0.126	0.140
	在岗职工平均工资（元）	0.48	0.212	0.112	0.307	0.290
	城镇登记失业率（%）	0.15	0.344	0.197	0.312	0.271
	养老保险参保人数（人）	—	0.000	0.000	0.156	0.223
	医疗保险参保人数（人）	0.000	—	0.000	0.310	0.433
	失业保险参保人数（人）	0.000	0.000	—	0.294	0.358
	单位工业用电量（万千瓦时/万元）	0.156	0.310	0.294	—	0.000
	单位GDP电耗（万千瓦时/万元）	0.223	0.433	0.358	0.000	—

(二) 求解初始因子

求解初始因子的方法分两类,一类是基于主成分分析模型的主成分分析法;另一类是基于公因子模型的公因子分析法,本书主要采用主成分分析法来求解初始因子。解释的总方差表格给出了每个公因子所解释的方差及其累计和。表3-5中"初始特征值"一栏中"累计百分比"列显示,前3个公因子解释的累计方差为82.29%,这说明提取3个公因子就可以较好地解释原有变量包含的信息。图3-1是关于方差贡献的碎石图,它是依据"初始特征值"一栏中"合计"列中的数据,将特征值按降序排列,碎石图显示第3个公因子后的特征值变化趋缓,从数值上也均小于1,因此提取3个公因子是合适的。公因子方差表给出了初始变量的共同度,提取列表示变量共同度的取值,共同度取值区间为[0,1]。例如地区生产总值的共同度为0.911,则表示地区生产总值的方差有91.1%可以由3个公共因子来解释。表3-6显示除城镇登记失业率以外,其他变量的共同度均为0.6以上,这说明3个公共因子可以较大程度上代表初始变量。

表3-5　　　　　　　　　　　解释的总方差　　　　　　　　　　单位:%

成分	初始特征值			提取平方和载入			旋转平方和载入		
	合计	方差百分比	累计百分比	合计	方差百分比	累计百分比	合计	方差百分比	累计百分比
1	4.313	47.925	47.925	4.313	47.925	47.925	4.113	45.703	45.703
2	1.951	21.683	69.607	1.951	21.683	69.607	2.078	23.091	68.793
3	1.142	12.686	82.293	1.142	12.686	82.293	1.215	13.500	82.293
4	0.914	10.154	92.447	—	—	—	—	—	—
5	0.354	3.935	96.383	—	—	—	—	—	—
6	0.226	2.513	98.895	—	—	—	—	—	—
7	0.044	0.492	99.387	—	—	—	—	—	—
8	0.037	0.406	99.793	—	—	—	—	—	—
9	0.019	0.207	100.000	—	—	—	—	—	—

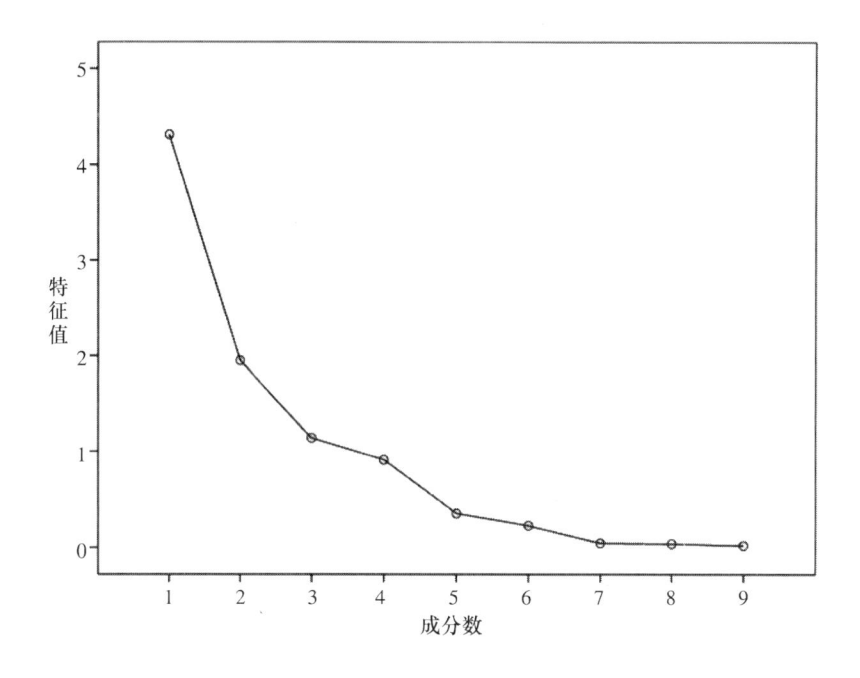

图 3-1　特征值碎石

表 3-6　　　　　　　　　　　　公因子方差

	初始	提取
地区生产总值（万元）	1.000	0.911
规模以上企业产值（万元）	1.000	0.887
在岗职工平均工资（元）	1.000	0.628
城镇登记失业率（%）	1.000	0.426
养老保险参保人数（人）	1.000	0.873
医疗保险参保人数（人）	1.000	0.797
失业保险参保人数（人）	1.000	0.935
单位工业用电量（万千瓦时/万元）	1.000	0.968
单位 GDP 电耗（万千瓦时/万元）	1.000	0.980

(三) 旋转后的因子载荷图

因子载荷是变量和公共因子的相关系数，载荷的绝对值较大的因子，表示与该变量的关系较为密切，也更能代表该变量。通过因子载荷矩阵（见表3-7）和因子载荷散点图（见图3-2）可以发现，第1个公因子更能代表地区生产总值、规模以上企业产值以及养老保险、医疗保险和失业保险5个变量因素，第2个公因子则代表单位工业用电量和单位GDP电耗两个变量，第3个公因子代表在岗职工平均工资和城镇登记失业率2个变量。

表3-7　　　　　　　　　　旋转成分矩阵

	成分		
	1	2	3
地区生产总值（万元）	0.879	-0.268	0.258
规模以上企业产值（万元）	0.824	-0.255	0.378
在岗职工平均工资（元）	0.350	0.142	0.697
城镇登记失业率（%）	0.234	-0.052	-0.607
养老保险参保人数（人）	0.860	-0.090	-0.354
医疗保险参保人数（人）	0.892	0.022	-0.043
失业保险参保人数（人）	0.963	0.004	-0.085
单位工业用电量（万千瓦时/万元）	-0.124	0.971	0.093
单位GDP电耗（万千瓦时/万元）	-0.075	0.983	0.091

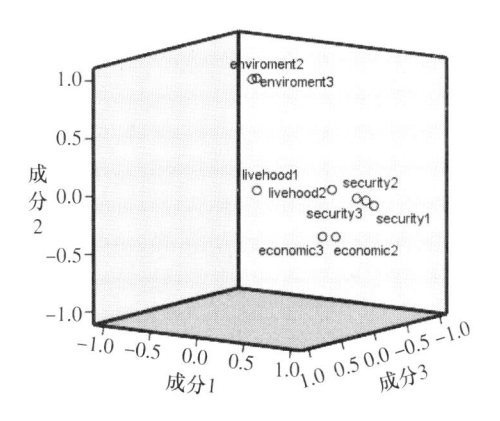

图3-2　因子载荷散点

根据因子得分系数矩阵，可以得到最终因子得分。比较 19 个资源枯竭城市的因子得分，发现城市 2、4 和 13 的第 1 因子 FAC1_1 得分最高，城市 14、18 的第 2 因子 FAC2_1 得分最高，城市 7、16 的第 3 因子 FAC3_1 得分最高。

（四）综合得分分析

为了得到各城市的综合实力，可以对 3 个公共因子的得分进行加权求和，用方差贡献率作为权重。在表 3-5 中，"旋转平方和载入"一栏里列出的 3 个旋转后公因子的方差贡献率依次为 45.7%、23.1% 和 13.5%，即资源枯竭城市综合得分的计算公式如下：

$zF = 45.7\% \times FAC1\_1 + 23.1\% \times FAC2\_1 + 13.5\% \times FAC3\_1$

具体综合得分排名如表 3-8 所示，辽宁抚顺市、辽宁盘锦市、山东枣庄市的综合得分相对较高，说明这几个城市可持续发展的综合实力相对较强。湖北黄石市的综合得分为 0.25，处于中等水平。这与黄石市的经济发展水平密切相关，黄石市第 1 因子 FAC1_1 得分为 0.36，相对较低，这说明黄石市目前经济转型还处于探索阶段，地区综合实力相对较弱，对经济可持续发展和社会保障可持续发展产生不利影响。后面将重点立足于黄石市，对黄石市社会保障可持续发展进行评价分析，进而从一个侧面来反映资源枯竭城市社会保障制度的可持续发展问题。

表 3-8　　　　19 个资源枯竭城市可持续发展综合得分排名

城市	综合得分	城市	综合得分
内蒙古乌海市	0.12	江西景德镇市	-0.25
辽宁抚顺市	1.30	江西萍乡市	0.46
辽宁阜新市	0.05	山东枣庄市	0.75
辽宁盘锦市	0.60	河南焦作市	0.10
吉林辽源市	-0.58	湖北黄石市	0.25
吉林白山市	-0.70	广东韶关市	-0.25
黑龙江伊春市	-0.41	陕西铜川市	-0.06

续表

城市	综合得分	城市	综合得分
黑龙江七台河市	-0.74	甘肃白银市	0.22
安徽淮北市	0.01	宁夏石嘴山市	-0.25
安徽铜陵市	-0.26		0.46

第二节 资源枯竭城市社会保障制度的发展与评价

一 社会保障制度发展指数的评价体系

褚福灵 2010 年编制了中国社会保障发展指数的评价体系,他将社会保障发展评价体系分为社会保障体系、养老保障体系、医疗保障体系、就业保障体系和贫困保障体系 5 个部分,并从发展水平、发展趋势和发展结构三个维度设计相应评价标准,其中社会保障发展水平的评价标准有:社会保障"覆盖面、保障度、持续性、高效性、公平性"等发展水平的"优良度";社会保障发展趋势的评价标准有:发展趋势的"向好度和发展进度的正常度";社会保障发展结构的评价标准有:地区发展与项目发展"均衡度和协调度"[1],由此得出中国社会保障发展指数的评价标准矩阵。褚福灵根据这个评价体系对中国社会保障 2010—2013 年发展现状进行了跟踪评估,如表 3-9 所示。

针对每一个评价纬度下的项目体系,褚福灵的评价体系里都进行详细界定,其中养老保障和医疗保障的评价指标设计如图 3-3 和图 3-4 所示。

本书将借鉴这一评价标准体系来评估资源枯竭城市社会保障体系的发展水平。鉴于数据资料的获取难度,本文将从上述指标体系中选取部分指标,重点选取黄石市和大冶市两个资源枯竭城市来分析社会保障制度运行状况。

---

[1] 褚福灵:《中国社会保障发展指数报告 2010》,经济科学出版社 2011 年版,第 4 页。

表3-9　　　　　中国社会保障发展指数的评价标准矩阵①

项目	发展水平 S					发展趋势 Q		发展结构 J	
	优良度								
	覆盖面1	保障度2	持续性3	高效性4	公平性5	向好度1	向好度2	均衡度1	协调度2
社会保障体系1	1S1	1S2	1S3	1S4	1S5	1Q1	1Q2	1J1	1J2
养老保障体系2	2S1	2S2	2S3	2S4	2S5	2Q1	2Q2	2J1	2J2
医疗保障体系3	3S1	3S2	3S3	3S4	3S5	3Q1	3Q2	3J1	3J2
就业保障体系4	4S1	4S2	4S3	4S4	4S5	4Q1	4Q2	4J1	4J2
贫困保障体系5	5S1	5S2	5S3	5S4	5S5	5Q1	5Q2	5J1	5J2

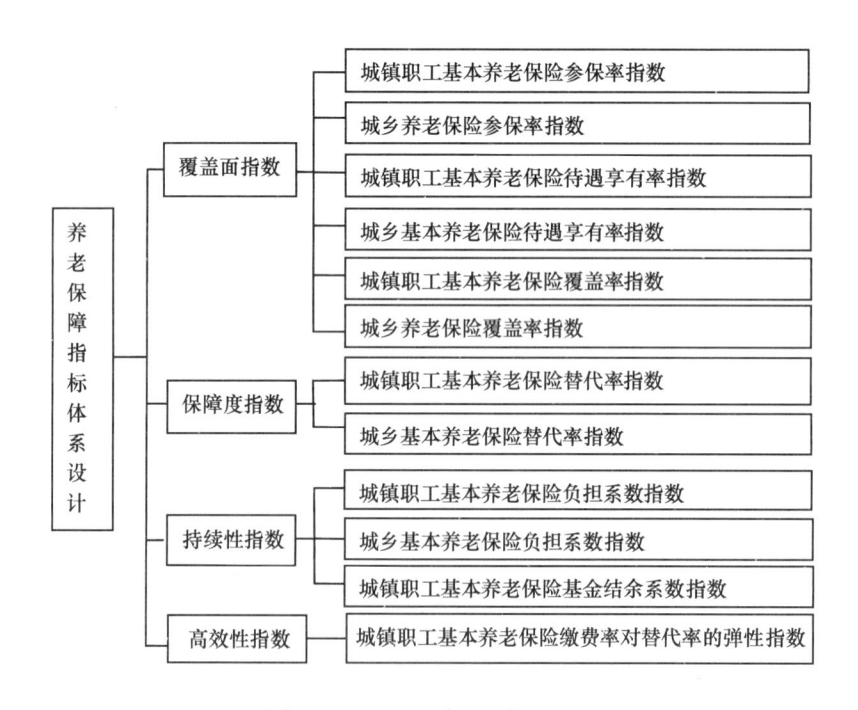

养老保障指标体系设计
- 覆盖面指数
  - 城镇职工基本养老保险参保率指数
  - 城乡养老保险参保率指数
  - 城镇职工基本养老保险待遇享有率指数
  - 城乡基本养老保险待遇享有率指数
  - 城镇职工基本养老保险覆盖率指数
  - 城乡养老保险覆盖率指数
- 保障度指数
  - 城镇职工基本养老保险替代率指数
  - 城乡基本养老保险替代率指数
- 持续性指数
  - 城镇职工基本养老保险负担系数指数
  - 城乡基本养老保险负担系数指数
  - 城镇职工基本养老保险基金结余系数指数
- 高效性指数
  - 城镇职工基本养老保险缴费率对替代率的弹性指数

图3-3　养老保障指标体系设计

---

① 褚福灵：《中国社会保障发展指数报告2010》，经济科学出版社2011年版，第5页。

第三章 资源枯竭城市社会保障制度的发展及其挑战 49

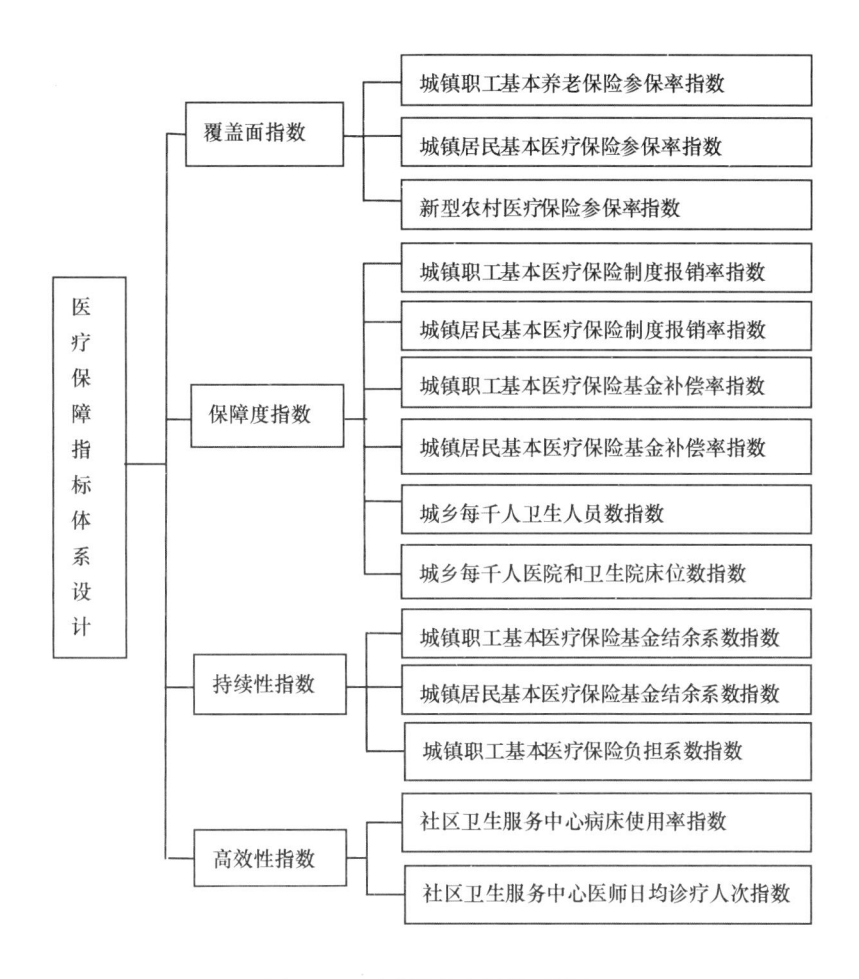

```
                    ┌─ 覆盖面指数 ─┬─ 城镇职工基本养老保险参保率指数
                    │              ├─ 城镇居民基本医疗保险参保率指数
                    │              └─ 新型农村医疗保险参保率指数
                    │
                    │              ┌─ 城镇职工基本医疗保险制度报销率指数
                    │              ├─ 城镇居民基本医疗保险制度报销率指数
医疗保障             │              ├─ 城镇职工基本医疗保险基金补偿率指数
指标体系 ───────────┼─ 保障度指数 ─┼─ 城镇居民基本医疗保险基金补偿率指数
设计                │              ├─ 城乡每千人卫生人员数指数
                    │              └─ 城乡每千人医院和卫生院床位数指数
                    │
                    │              ┌─ 城镇职工基本医疗保险基金结余系数指数
                    ├─ 持续性指数 ─┼─ 城镇居民基本医疗保险基金结余系数指数
                    │              └─ 城镇职工基本医疗保险负担系数指数
                    │
                    └─ 高效性指数 ─┬─ 社区卫生服务中心病床使用率指数
                                   └─ 社区卫生服务中心医师日均诊疗人次指数
```

图 3-4 医疗保障指标体系设计

二 资源枯竭城市社会保障制度的发展现状

（一）资源枯竭城市社会保障制度的整体现状

资源枯竭城市基本建立了涵盖社会保险、社会救助和社会福利于一体的社会保障制度，涉及群体包括机关事业单位、城镇职工、城镇居民、农村居民以及农民工等，基本社会保险制度基本实现了全覆盖。从表 3-10 中可以看出，绝大部分资源枯竭城市参与养老保险、医疗保险和失业保险的人数有所提高。纳入到养老保险和医疗保险的群体人数的增加意味着劳动力资源的数量在提高，一方面可能由于新的劳动力进入到就业市场，增加了社会保险的缴费群体，另一方面可能是外来人口流入为劳动力市场增加了新的供给。新增劳动力供给加入到社会保障体系中，提高了社会保障基金的收入来源，有利于缓解或避免可能发生的社会保障财务风险。

表3-10　　　　　2011—2012年地级以上资源枯竭
　　　　　　城市社会保险发展现状　　　　　　单位：人

城市	2011年			2012年		
	养老保险参保人数	医疗保险参保人数	失业保险参保人数	养老保险参保人数	医疗保险参保人数	失业保险参保人数
内蒙古乌海市	148098	451301	105013	156065	246105	98000
辽宁抚顺市	798508	966372	482430	812111	1364029	472405
辽宁阜新市	351607	678211	169471	354119	698229	147187
辽宁盘锦市	255066	823973	239753	275047	629130	249759
吉林辽源市	164452	183026	55948	169096	416136	55992
吉林白山市	96259	226365	37271	98934	306124	38016
黑龙江伊春市	233895	414429	115371	268181	455414	115384
黑龙江七台河市	97665	165525	79314	103739	162598	85308
安徽淮北市	302973	384326	225772	314845	385729	231207
安徽铜陵市	145184	235382	133042	169586	245586	136235
江西景德镇市	268288	183827	90181	259423	326249	104500
江西萍乡市	228501	511524	115841	253660	623279	120206
山东枣庄市	324874	854248	248147	407742	869845	259160
河南焦作市	262324	606348	204045	283957	539190	203817
湖北黄石市	358604	441273	220686	105924	868924	252966
广东韶关市	238814	518228	168416	249383	538844	171230
陕西铜川市	159497	351133	109969	168689	363014	181773
甘肃白银市	46519	159996	93698	53182	216000	86860
宁夏石嘴山市	164599	284782	88879	167600	393000	91220

资料来源：《中国城市统计年鉴》（2012—2013）。

前面针对资源枯竭城市的可持续发展的综合评估中，湖北黄石市的综合得分为 0.25，处于中等水平。黄石市的经济发展因子 FAC1_1 得分为 0.36，相对较低，这说明黄石市目前经济转型还处于探索阶段，地区综合实力相对较弱，不利于社会保障制度的可持续发展。本节将立足于湖北黄石市和大冶市，分别从养老保险制度、医疗保险制度、失业保险制度、社会救助制度以及政府财政支出等方面对资源枯竭城市社会保障制度的可持续发展进行全面评估。

(二) 黄石市社会保障制度发展现状

以 2009 年被列为国家资源枯竭城市转型试点为标志，黄石市的城市转型迈入了一个新阶段。2008—2010 年共争取中央财力性转移支付资金 54878 万元，省预算内资金 1.95 亿元，有效解决了国企改革历史遗留问题、养老保险资金缺口和再就业、修复治理生态环境、棚户区改造等问题。在社会保障制度和就业方面，一是建立健全社会保障"五险"合一机制，城镇居民和在校大中小学生纳入了医保范围，提高了城镇基本养老、基本医疗保险水平。建立和完善城乡居民最低生活保障制度，通过建立城乡贫困群众医疗救助制度，采取"网上审批、及时结算"的方法全面推行医中救助。2012 年，全市城镇基本养老、失业、医疗、工伤、生育保险参保人数分别达到 56.2 万人、31.3 万人、111.3 万人、29.2 万人和 30.7 万人。全市城镇医保和农村"新农合"参保率分别达到 96.5% 和 99.1%。2012 年全市预算内社会保障和就业支出 208436 万元，人均支出 808 元，比 2010 年增长 120%。二是着力推进保障性住房建设。创新了"五个一"的住房保障模式，对月收入 560 元以下、人均居住面积 14 平方米以下困难家庭发放补贴。在全国率先探索棚户区改造与公租房结合新思路，加快棚户区改造进程，十三排、联合村等 20 个棚户区改造项目全面铺开。2012 年度完成保障性安居工程 19598 套（户），启动城市棚户区改造项目 24 个 4709 户，竣工各类保障房 10534 套，新增租赁补贴 2421 户。三是推进基本公共服务均等化。按照"加大投入、完善设施、深化改革、加强管理"的思路，加快完善教育、文化、卫生、体育等公共服务体系。2008—2010 年三年累计发放救助资金 4500 余万元，落实"两减一免"政策，累计减免资金 1.1 亿元。深入推进医药卫生体制改革，每年市本级财政投入近亿元，着力推进医药卫生体制改革等五项重点工作。四是通过多种途径，积极解决资源型企业历史遗留问题，保障企业平稳退出和社会稳定。争取中央医疗保险补助资金,解决关闭破产国有企业退休人员医保问题;争取到湖北省政府专项补贴资金6000万元,解决原省属下放企业职工安置问题;向121家困难企业拨付1.22亿元解决改制企业职工社保问题。

1. 养老保险制度运行现状

黄石市养老保险制度不断完善。在城镇,完善企业职工基本养老保险制度,做实基本养老保险个人账户,逐步提高统筹层次,改革基本养老金计发办法,扩大社会养老保险覆盖面,逐步将城镇各类企业职工、个体工商户和灵活就业人员等纳入城镇职工基本养老保险。完善基本养老金正常调整机制,随着经济发展,逐步提高离退休人员基本养老金水平。完善多层次的养老保险体系,发展企业补充养老保险,鼓励有条件的企业建立企业年金。在农村,在加强家庭养老和土地养老保障的基础上,不断探索多种养老保障形式,推动新型农村养老保障制度的建立和完善。截至2012年,全市城镇职工基本养老保险覆盖人数达到56.24万人,年末企业离退休职工人数达到18万人,离退休人员基本养老保险基金发放金额为21.3亿元,均呈逐年上涨态势。2012年,黄石市实现城乡居民养老保险制度全覆盖,为全市18万名60岁以上城乡居民发放基础养老金1.24亿元,适龄人员参保缴费率达到94.5%,城镇基本养老金水平达到1462元/月,人均每月增加217元,高于全省平均增幅。2011年,大冶市适龄人员参保缴费率超过90%,位居全省试点县(市)第二。黄石市2000—2012年的养老保险情况,如表3-11所示。大冶市2000—2009年的养老保险情况,如表3-12所示。

表3-11　　　　　　2000—2012年黄石市养老保险的发展

年份	年末离退休人员数(万人)	参加城镇基本养老保险的人数(万人)	离退休人员基本养老保险基金发放金额(亿元)
2000	9.816	24	5.52
2001	10.83	25.23	6.45
2002	11.8	26.78	8.25
2003	12.45	33.35	10.15
2004	10.35	37.04	6.4

续表

年份	年末离退休人员数（万人）	参加城镇基本养老保险的人数（万人）	离退休人员基本养老保险基金发放金额（亿元）
2005	11.25	38.74	7.7
2006	12	39.19	9.1
2007	13	44.47	11.34
2008	13.35	45.8	14.2
2009	14.3	48	17.4
2010	15.4	51.2	19.2
2011	16.9	53.95	20.4
2012	18	56.24	21.3

资料来源：《黄石市统计年鉴》（2000—2013）和《黄石市年鉴》（2000—2013）（下同）。

表3-12　　　　　2000—2009年大冶市养老保险的发展　　　　　单位：人

年份	离退休人员数	养老保险参保人数
2000	9000	4174
2001	15000	7584
2005	10740	9286
2006	11132	13389
2007	13200	13710
2008	14000	17110
2009	16000	23000

资料来源：《大冶统计年鉴》（2000—2010）（下同）。

2. 医疗保障制度

在城市，黄石市已初步形成以城镇职工基本医疗保险制度、城镇居民医疗保险制度为主体，大病医疗保险、企业补充医疗保险、公务员医疗补助为辅，商业医疗保险为补充，社会医疗救助制度为托底，多渠道筹资、缴费标准与享受待遇挂钩、功能完备、体系健全的医疗保障体系，逐步实现人人享有基本医疗保障的终极目标。在农村，大力推进新型农村合作医疗制度建设，黄石市新型农村合作医疗保险制度覆盖率达到95%以上。完善新型农村医疗保险制度与城镇居民医疗保险制度之间的转接机制。

2011年，黄石市基本医疗保险覆盖人数（含离退休人员）达到106.43万人；2012年，黄石市在全省率先实行医疗保险城乡一体化改革，城区3万名"新农合"农民顺利实现向城镇居民医疗保险制度转轨。资助实行合作医疗县（区、市）的五保老人全部参加新型合作医疗保险制度，并将符合救助条件的特困老年人全部纳入救助范围。到2007年年底，资助全市80%农村五保老人参加新型农村合作医疗，到2008年达到100%。随着经济发展和财力增强，黄石市不断加大资金投入到贫困老年人参加农村合作医疗或大病救治的补助工作，不断提高对老年人的医疗救助水平。各级医院、卫生所每年至少组织一次为老年人服务的支农、扶贫活动。完善县、乡、村三级医疗网，努力改善老年人医疗卫生条件，采取措施，为广大老年人提供初级保健服务，解决农村老年人医疗困难。黄石市的医疗硬件和软件条件也有所改善，截至2011年，黄石市每千人卫生技术人员为5.48人，每千人医院卫生院床位数为4.25张，与2001年相比，条件大为改善，尤其是床位数增加较多。黄石市在医疗卫生方面投入也很多，2011年黄石市在医疗卫生方面的财政支出为10.83亿元，是2001年的11.4倍。2012年，黄石市分别将职工基本医保、居民医保、居民大额医保年度最高支付限额提高至17万元、11万元和30万元，最高增幅达到36%。从2006年到2009年，大冶市人均医疗卫生支出也从52元增加到172元。两市各年情况，如表3-13和表3-14所示。

表3-13　　　　　　　2001—2011年黄石市医疗保险的发展

年份	每千人卫生技术人员（人）	每千人医院卫生院床位数（张）	医院病床使用率（%）	参加基本医疗保险的人数（万人）	医疗卫生方面财政支出（亿元）
2001	4.51	0.31	62	17.57	0.95
2002	4.23	0.28	62	22.2	0.98
2003	4.21	0.28	70.67	23.14	1.16
2004	4.57	0.75	67.1	26.6	1.32
2005	4.36	0.79	67.20	29.1	1.64
2006	4.36	0.8	69.10	30.81	1.9
2007	4.66	0.82	78.13	36.89	2.23

续表

年份	每千人卫生技术人员（人）	每千人医院卫生院床位数（张）	医院病床使用率（%）	参加基本医疗保险的人数（万人）	医疗卫生方面财政支出（亿元）
2008	5.08	3.56	73.7	37.9	2.65
2009	5.01	3.72	85.5	43.6	5.68
2010	5.24	3.85	91.74	103.89	6.4
2011	5.48	4.25	92.31	106.43	10.83

表 3-14　　　　2000—2009 年大冶市医疗保险的发展

年份	医院床位数（个）	卫生技术人员（人）	城镇医疗保险参保人数（人）	新农合参保人数（人）	医疗卫生支出（万元）
2000	1843	993	6000	—	—
2001	1843	1007	1756	—	—
2003	1634	2292	14000	209000	2153
2004	1675	2924	43000	357000	3572
2005	1725	2974	44560	439944	3865
2006	1432	2320	53000	467654	4776
2007	1436	2060	66056	576896	6935
2008	1708	2230	72226	650700	9788
2009	1708	2426	76861	651500	16153

3. 其他社会保险制度

2012 年，黄石市参加失业保险、工伤保险和生育保险的人数分别为 31.31 万人、29.23 万人、30.72 万人。2009 年，大冶市参加失业保险的人数为 26967 人。2012 年，黄石市逐步将 5.1 万名老工伤人员纳入工伤保险统筹管理，完成老工伤体检、鉴定 8703 人，并力争将大冶有色医院列入全国区域性工伤康复中心建设试点。如表 3-15 和表 3-16 所示。

表 3-15　　2001—2012 年黄石市失业、工伤、生育保险的发展　　单位：万人

年份	参加失业保险的人数	参加工伤保险人数	参加生育保险人数
2001	30.6	10.6	23.6
2002	30.72	10.9	23.8
2003	28.32	12.1	24.2
2004	32.3	11.2	24.1
2005	27.2	11.6	24.3
2006	27.4	15.5	25
2007	28.32	21.4	25.8
2008	28.4	23.1	26.4
2009	28.6	24.1	27.4
2010	30.4	26	28
2011	30.85	27.16	29.1
2012	31.31	29.23	30.72

表 3-16　　　　2001—2009 年大冶市失业保险的发展　　　　单位：人

年份	失业保险参保人数	城镇失业人员
2001	31700	1768
2005	24358	2106
2006	23000	2031
2007	26318	2108
2008	26658	2320
2009	26967	2400

4. 完善社会救助制度

积极发展老年福利、社会救济等保障事业，加大社会救助力度，包括社会救助资金筹措、救助方式、救助管理以及检查监督机制的建立等，努力构建法制化、制度化、规范化的城乡一体的养老救助体系。救助重点向农村贫困老年群体倾斜。进一步完善城市最低生活保障制度，对符合低保条件的群体，切实做到应保尽保。对符合最低生活保障条件且特别困难的孤老对象，应酌情提高最低生活保障补助标准，并给予适当的医疗补助。

2012年，黄石市城镇居民得到政府最低生活保障6.2万人，比上年减少14.3%；农村居民得到政府最低生活保障9.5万人，增长6.7%。2011年，黄石市城市最低生活保障基金全年支出为15636万元，平均每人领取标准为380元；农村最低生活保障基金全年支出为8169万元，平均每人领取标准为69元。与2008年相比，城市最低生活保障支出增加3259万元，平均每人提高150元；农村最低生活保障支出增加5251万元，平均每人提高39元。

落实五保户供养政策，进一步巩固"福星工程"成果，实现农村老年五保对象自愿前提下全部集中供养、分散供养对象得到妥善照顾的目标。将符合救助条件的特困老年人全部纳入救助范围，逐步提高救助标准。黄石市农村集中五保供养人数为2370人，分散五保供养人数为2605人。集中五保供养月平均标准为2100元/人，分散五保供养月平均标准为1600元/人，均比上一年度增加300元。如表3-17和表3-18所示。

表3-17　　　　　　　黄石市最低生活保障制度的发展

年份	城市最低生活保障月平均支付标准（元）	农村最低生活保障月平均支付标准（元）	城镇居民最低生活保障人数（万人）	农村居民最低生活保障人数（万人）
2001	160	30	5	2.6
2002	160	30	7.1	3.8
2003	180	30	8.12	2.9
2004	180	30	8.01	3.1
2005	180	30	7.35	5.29
2006	230	30	6.77	5.46
2007	230	30	6.81	5.52
2008	230	30	6.8	6.8
2009	280	50	6.9	8.58
2010	330	53	6.47	7.47
2011	380	69	6.73	9.45
2012	420	69	6.2	9.5

表 3-18　　　　　　　大冶市最低生活保障制度的发展

年份	城镇居民最低生活保障人数（人）	农村居民最低生活保障人数（人）	抚恤和社会福利救济费（万元）
2001	8516	5210	1380
2002	13808	6735	1542
2003	17419	10892	1542
2004	17256	6892	1650
2005	14350	6892	1643
2006	13530	6740	3269
2007	14145	16724	3685
2008	15854	18522	3854
2009	15316	21663	4026

5. 社会保障收入与支出

从2001年到2012年，黄石市社会保障支出从6.12亿元增加到39.1亿元，增加了539%。但是相对于国内生产总值，社会保障支出的增长相对平缓。从2001年到2012年，社会保障支出占国内生产总值的比值从2.94%上涨到3.8%。2012年，黄石市社会保障与就业方面的财政支出为205307亿元，与2010年相比，增加了41516万元，增长了25%；与2001年相比，增加了194976万元，是2001年的19.9倍。从社会保险基金收入角度，2012年，黄石市社会保险基金征缴额为31.8亿元，比社会保险基金支出额少了7.3亿元，处于收不抵支状态。如表3-19~表3-22所示。

表 3-19　　　　　2001—2012年黄石市社会保障收入与支出　　　　单位：亿元

年份	养老、失业、医疗、工伤、生育保险基金当年支出额	国内生产总值	养老、失业、医疗、工伤、生育保险基金征缴额	民政经费
2001	6.12	208.18	12.2	0.52
2002	6.49	234.52	12.7	0.53
2003	7.12	259.79	13.6	0.67
2004	7.51	295.91	13.8	1.09

续表

年份	养老、失业、医疗、工伤、生育保险基金当年支出额	国内生产总值	养老、失业、医疗、工伤、生育保险基金征缴额	民政经费
2005	9.99	328.19	14.3	1.1
2006	11.96	384.9	14.8	1.3
2007	14.8	447.05	15.2	1.6
2008	19.4	530.57	15.6	1.96
2009	22.8	571.59	16.4	2.9
2010	28.3	690.12	19.4	3.7
2011	35.4	925.96	28.4	3.9
2012	39.1	1040.95	31.8	5.3

表3-20　　　　2000—2009年大冶市社会保障支出　　　　单位：万元

年份	社会保障补助支出	抚恤和社会福利救济费	社会保障与就业方面财政支出	社会保险基金支出额	国内生产总值
2000	1023	1425	6824	24000	612388
2001	1166	1480	6968	27472	668300
2002	1011	1542	7842	31809	72820
2003	591	1542	7935	35438	80890
2004	2417	1650	8145	38990	91568
2005	3571	1643	8960	43508	1001800
2006	3327	3269	7890	45000	1161900
2007	3592	3685	7277	45246	1398000
2008	3621	3882	12715	52298	1697300
2009	3689	3950	27239	52600	1902600

表 3-21　　2002—2012 年黄石市城镇居民家庭社会保障收入与支出（抽样调查数据）　　单位：元

年份	个人缴纳的养老基金	个人缴纳的医疗基金	个人缴纳的失业基金	个人缴纳的住房公积金	社会保障总支出	城镇居民家庭养老金或离退休金
2002	197	49	26	163	438	827
2003	223	60	28	197	509	547
2004	311	123	34	265	734	431
2005	318	121	32	284	755	1020
2006	449	127	41	410	1029	1195
2007	493	167	39	439	1141	1708
2009	904	239	57	681	1885	2952
2010	848	197	49	759	1857	3511
2011	1022	310	53	823	2214	2969
2012	1269	326	60	954	2611	3796

资料来源：《黄石市统计年鉴》（2003—2013）。

表 3-22　　2002—2009 年大冶市城镇居民家庭社会保障收入与支出（抽样调查数据）　　单位：元

年份	城镇居民养老金	城镇居民社会保障支出
2002	834	69
2003	676	139
2004	665	208.6
2006	948.7	150.5
2007	1239	232.76
2008	948	730.27
2009	825.61	1099

第三节　资源枯竭城市社会保障制度可持续发展面临的挑战

资源枯竭城市社会保障制度可持续发展可能面临的三大挑战，即经济增速放缓、失业问题突出、人口老龄化加剧。经济增长与人口结构变动对资源枯竭城市社会保障制度产生何种影响？资源枯竭城市社会保障制度应该如何改革以应对这些挑战？这将在后面章节进行详细阐述与分析。

一 经济增速放缓，经济转型难度大

（一）资源枯竭城市经济增长呈逐年下降态势

黄石市经济发展具有其特殊性。20世纪70年代，黄石市被誉为湖北的工业粮仓、"江南聚宝盆"，丰富的矿物资源使其经济快速发展，黄石市发现矿藏76种，其中探明资源储量37种，是全国六大铜矿基地之一、十大铁矿基地之一、硅灰石储量居世界第一。资源的不可再生性意味着单纯依靠资源的开发与利用已无法支撑经济的持续发展，2008年和2009年，黄石市下辖的大冶市和黄石市都成为国务院确定的资源枯竭城市。在鼎盛时期，黄石市仅市区就有矿山企业142家，伴随着资源逐步枯竭，现已相继闭坑22家，关停非金属矿山企业33家，无法正常生产亟待实施关闭17家。当前黄石市煤、铁、铜、铝和金的保有量分别只占累计探明储量的24.3%、23%、39.7%、26.9%和39.5%。一些依托于本地矿产资源的加工企业所需的基础资源严重自给不足，处于濒临破产状态。转型是资源型城市可持续发展的必由之路。黄石市GDP从2000—2009年呈持续增长趋势，但其经济发展的主导型产业已逐步衰退，而新型的替代性支柱产业还在逐步建立中。黄石市特殊的经济发展背景对其人口流动产生极大影响，一方面，过去经济发展的辉煌，促使一些家庭完成了一定的资产积累，促使他们为其子女在武汉或黄石市区买房置业，直接导致部分年轻人外迁，所以在一些矿产企业比较集中的区域老龄化程度相对较重。另一方面，当下经济的萎靡，给予年轻人发展的平台和机会相对较少，也促使一些年轻人外迁，这都加快了人口老龄化的进程。如表3-23所示。

表3-23　部分资源枯竭城市2000—2009年经济增长率变化

城市	2000年	2001年	2002年	2003年	2004年	2005年	2006年	2007年	2008年	2009年
辽宁抚顺市	10	11.07	10.5	12.6	15	13.8	15.1	16	16	14.1
辽宁阜新市	-2.6	8.11	20.4	20.2	20.2	13.5	11.1	16	13.3	16.2

续表

城市	2000年	2001年	2002年	2003年	2004年	2005年	2006年	2007年	2008年	2009年
辽宁盘锦市	-7.4	0.6	7	8.2	8.1	6.4	6.1	8.9	11	10
吉林辽源市	10.8	-5.09	10.6	14	16.5	29.1	20.8	21	21.2	22.8
黑龙江七台河市	5.1	9.32	11.5	12	13	13.2	12.5	15	25.6	26
安徽淮北市	1.1	8.51	8.2	8.5	15.7	12.2	10.1	12	14.5	11
安徽铜陵市	9.1	9.33	10.4	12.5	17.5	18.1	16.1	15	13.2	13.7
江西景德镇市	10.1	9.44	12.8	15.6	15.8	14.9	14.6	15	15.3	13.8
江西萍乡市	8.2	9.01	11.8	18.2	18.1	15.6	13.1	14	15	13.6
山东枣庄市	10.8	11.25	13.1	16.1	17.2	17.4	16.4	16	13.1	12.6
河南焦作市	8.6	12.3	12.1	15	21.1	16.8	15.8	17	12.6	11.3
湖北黄石市	10.3	10.89	9.8	10.2	12.5	12.6	13.9	11	11.6	11.1
陕西铜川市	8.3	-8.28	10	11.5	12.4	12.7	15	15	17.1	15.2

(二) 资源型城市产业结构的单一性和依赖性

资源型城市普遍具有产业组织单调和产业结构畸形的特点。资源型城市的投资方向主要放在资源的开采与加工,从而忽视了培育地方经济和其他产业的发展,导致了僵化的单一产业结构。资源型城市经济主要依赖于资源型产业,缺乏其他的接续或替代产业。就业人数及其结构主要由产业发展状况和产业结构特征决定,伴随着资源枯竭进程的加快,资源型城市产业转型直接对该地区经济及就业结构产生较大影响。如表3-24和表3-25所示,近10年中,资源枯竭城市从业人员在第二产业中的比例仍然占主导。但是,全国从业人员占主导地位的产业为第三产业。从表3-24的对比中可以看出,资源型城市的就业结构在近10年中发生了较大的变化,这一方面与经济发展规律密切相关,另一方面也与资源型城市主导产业衰退有着密不可分的关系。从资源枯竭城市就业结构的平均水平变化情况来看,三次产业变化趋势表现为第一、第二产业占比下降,第三产业比重提高。与资源枯竭城市就业结构变动趋势相同的是,全国就业结构中第一产业占比也呈现下降趋势,第三产业呈上升趋势,但是不同的是,全国就业结构中第二产业占比也呈现下降趋势。这从另一个角度也证实,资源枯竭城市的资源问题为其工业经济的发展造成了极大的障碍,第二产业的发展步伐放缓。

表 3-24　　　　　　2000 年和 2011 年部分资源枯竭型
　　　　　　　　　　城市就业结构情况　　　　　　单位:%

城市	2000 年三次产业从业人员比重			2011 年就业结构与 2000 年就业结构的比较情况		
	第一产业	第二产业	第三产业	第一产业	第二产业	第三产业
安徽淮北市	0.7	72.4	26.9	-0.7	-1.3	2
安徽铜陵市	3.3	64.7	31.9	-1.41	0.42	1.09
山东枣庄市	0.5	53.4	46.1	0.61	-1.21	0.61
黑龙江七台河市	5.6	65.4	29	-1.37	2.7	-1.34
陕西铜川市	0.8	69.7	29.5	-0.1	-19.15	19.25
吉林辽源市	3.3	51.5	45.1	0.95	-8.15	7.3
河南焦作市	1.4	57.4	41.2	0	-5.34	5.34
湖北黄石市	5.1	55.8	39.2	-2.04	4.98	-3.05
江西萍乡市	1.4	49.6	49	-0.23	-2.97	3.2
江西景德镇市	38.4	33.5	28.1	-32.3	15.03	17.27
辽宁阜新市	1.4	64.3	34.2	1.1	-18	16.99
辽宁抚顺市	2.6	64.3	33.1	-0.45	-6.92	7.37
辽宁盘锦市	28.5	37.3	34.2	8.95	4.71	-13.67
山西太原市	17.2	39.5	43.2	-16.8	9.25	7.65
平均水平	7.87	55.63	36.5	-3.15	-1.85	5
全国平均水平	12.4	41.9	45.6	-9.33	3.25	6.08

注:平均水平指资源枯竭城市三次产业从业人员比重的平均发展水平,全国平均水平指全国地级以上城市三次产业从业人员比重的平均发展水平。2011 年就业结构与 2000 年就业结构的比较情况中的数值为 2011 年三次产业就业结构比重减去 2000 年三次产业就业结构比重。

表 3-25　　　2011 年部分资源枯竭城市就业现状与就业结构

城市	从业人员就业现状（万人）			从业人员就业结构（%）		
	第一产业	第二产业	第三产业	第一产业	第二产业	第三产业
安徽淮北市	0	14.81	6.02	0	71.1	28.9
安徽铜陵市	0.22	7.6	3.85	1.89	65.12	32.99
山东枣庄市	0.38	17.9	16.02	1.11	52.19	46.70
黑龙江七台河市	0.56	9.01	3.66	4.23	68.1	27.66
陕西铜川市	0.07	5.05	4.87	0.7	50.55	48.75
吉林辽源市	0.38	3.88	4.69	4.25	43.35	52.4
河南焦作市	0.47	17.53	15.67	1.4	52.06	46.54
湖北黄石市	1.01	20.04	11.92	3.06	60.78	36.15
江西萍乡市	0.16	6.37	7.13	1.17	46.63	52.2
江西景德镇市	1.04	8.28	7.74	6.1	48.53	45.37
辽宁阜新市	0.43	7.95	8.79	2.5	46.3	51.2
辽宁抚顺市	0.57	15.2	10.72	2.15	57.38	40.47
辽宁盘锦市	18.57	20.83	10.18	37.45	42.01	20.53
山西太原市	0.32	39.16	40.85	0.4	48.75	50.85
资源枯竭城市就业结构的平均水平				4.74	53.78	41.48
全国地级以上城市就业结构的平均水平				3.07	45.15	51.78

资料来源：《中国城市统计年鉴》(2011)。

从图 3-5 可以看出，资源枯竭城市从事第二产业的就业人员占总就业人员的平均比例达到 50% 左右，其中，辽宁盘锦第二产业从业人员占比最低，为 42%；安徽淮北市第二产业从业人员占比最高，为 71%。从变化趋势来看，与 2001 年相比，部分资源枯竭城市 2011 年的就业结构并没有发生明显变化，但是部分城市第二产业从业人员占比与 2001 年相比较，出现了负增长，随之取代的是第一产业或第三产业从业人员人数的增加。这说明，虽然资源枯竭城市的就业主要依赖于第二产业，但是部分城市在资源枯竭程度日益加剧的严峻形势下，已经开始步入经济转型的历程中，由此也带来了就业结构的逐步转变。如图3-6所示。

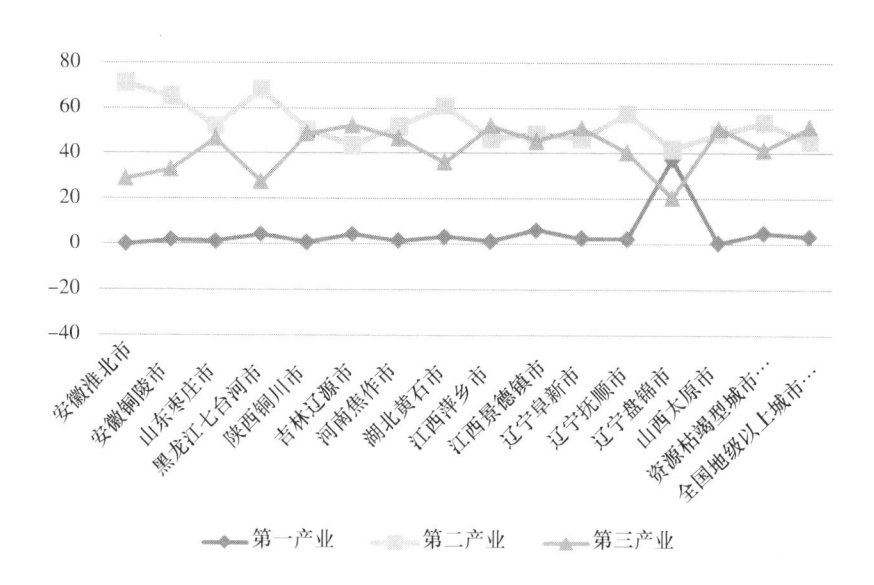

图3-5 2011年资源枯竭城市三次产业就业结构分布（%）

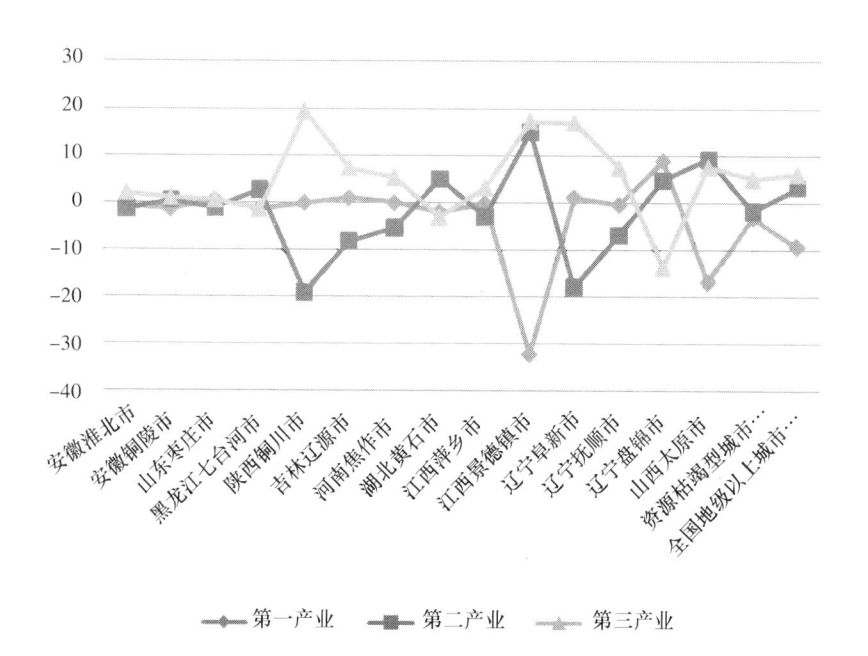

图3-6 2011年相比2001年资源枯竭城市就业结构变化情况（%）

二 资源枯竭城市人口老龄化程度加剧

（一）老龄化呈递增趋势，老年人口数量逐年攀升

联合国关于人口老龄化国家的界定为：如果一个国家 60 岁及以上老年人口占总人口的比重超过了 10%，或者 65 岁及以上老年人口占总人口的比重超过了 7%，那么这个国家就属于人口老龄化国家。根据联合国制定的标准，中国 1999 年已进入了老龄化社会。由于数据资料的限制，以资源枯竭城市黄石市为例来分析资源枯竭城市人口老龄化程度。根据第六次全国人口普查的最新数据统计，截至 2010 年 11 月 1 日零时，黄石市常住人口为 2429318 人，其中 65 岁及以上人口为 189553 人，占总人口的 7.8%，与 2000 年第五次全国人口普查相比，65 岁以上人口比例上升了 2.56 个百分比。如图 3-7 所示。

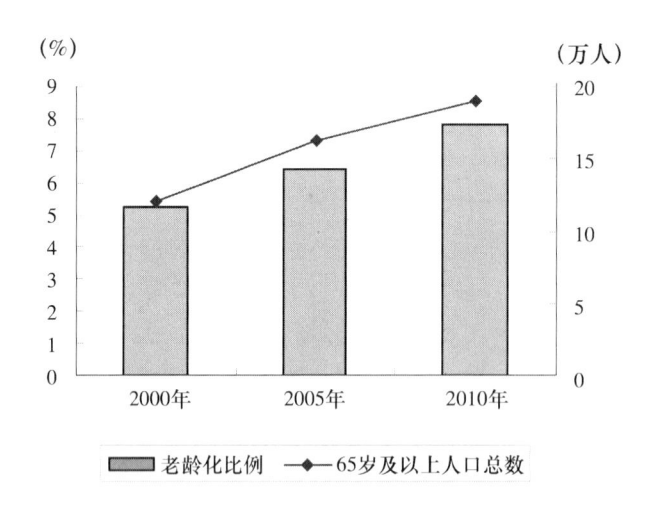

图 3-7 2000 年、2005 年、2010 年黄石市人口老龄化程度

（二）人口总抚养比呈递减趋势，但是老年抚养比呈递增趋势

抚养系数是指总人口中非劳动年龄人口数对劳动年龄人口数之比，它表明每 100 名劳动年龄人口负担多少非劳动年龄人口，其中非劳动年龄人口指老年人口（60 岁或 65 岁及以上人口）与少年儿童人口（0~14 岁人口）之和；劳动年龄人口则是指 15~64 岁人口。抚养系数分为老年抚养比和少年抚养比，老年抚养比是 65 岁及以上人口占劳动年龄人口的比值，

少年抚养比为 0~14 岁人口占劳动年龄人口的比值。从 2000 年到 2010 年，黄石市 0~14 岁人口占总人口比例从 26.04% 下降到 17.39%，15~64 岁人口比例从 68.72% 上升到 74.81%，65 岁及以上人口比例从 5.24% 上升至 7.8%，其中少年儿童人口下降速度较快。黄石市人口总抚养比呈递减趋势，与 2000 年相比，2010 年黄石市总抚养比下降了 11.84 个百分比，少年抚养比下降了 14.64 个百分比，而老年抚养比上升了 2.8 个百分比。这说明黄石市少年儿童人口不断减少，而老年人口数量逐年增加，劳动人口供养老年人口的经济负担加重。依据黄石市目前的年龄结构变化趋势和速度，未来黄石市将呈现"少子化"和"老龄化"双重现象，老龄化程度也将逐步加重。如图 3-8 和图 3-9 所示。

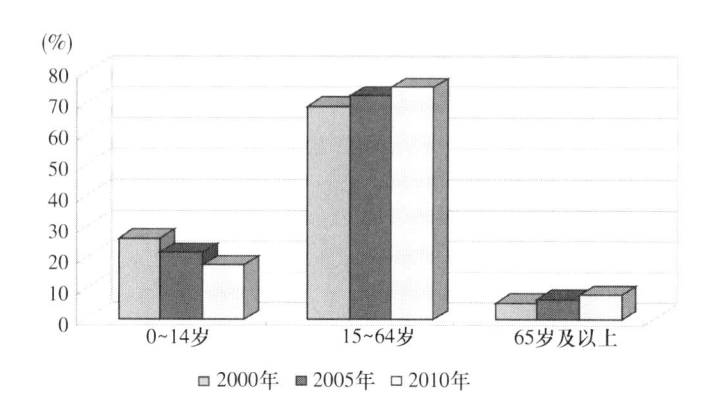

图 3-8 黄石市人口结构变化情况

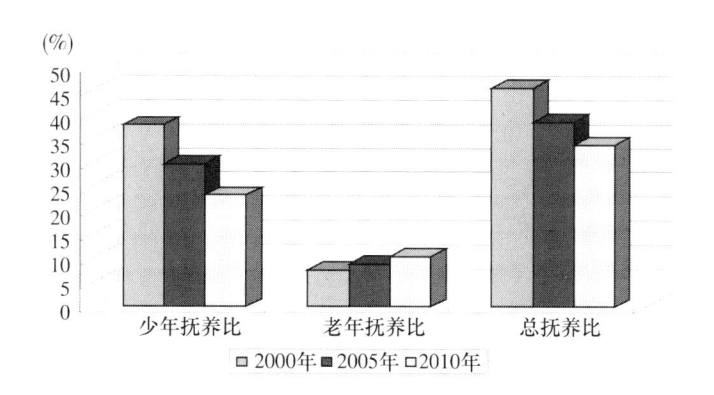

图 3-9 黄石市人口抚养比

(三) 生育率水平下降和预期寿命提高加快人口老龄化进程

20世纪80年代，中国推行的计划生育政策，使全国总和生育率由20世纪70年代的5.8降至2008年的1.7。生育率下降改变了中国的人口结构，使人口基数逐渐变少，成为人口老龄化的重要因素之一。从经济增长理论的视角，生育水平下降有利于提高人口质量水平，从而推动经济快速发展。经济社会的发展又促使人们的生活水平、卫生保健、医疗水平等大幅提高，人均预期寿命也随之提高。人均预期寿命提高使老年人口数量迅速增加，也加快了人口老龄化的进程。黄石市出生率水平从2000年的10.34%下降至2008年的9.02%，人均预期寿命从1949年的35岁提高至2010年的74.66岁。但黄石市出生率水平的下降幅度较慢，从2000年到2008年，黄石市出生率呈现一种"降—升—降"的变动趋势，主要原因是黄石市重男轻女的性别观念严重以及城镇化进程较慢，对人口基数的影响较小。相比而言，黄石市人均预期寿命呈逐年递增趋势，使黄石市老年人口数量快速增加，是黄石市人口老龄化的重要因素。

三 失业问题短期内难以解决

(一) 资源枯竭城市城镇登记失业率远远高于平均水平

资源枯竭城市失业的问题，已经成为影响整个国民经济持续健康发展和社会政治稳定的紧迫问题。资源枯竭城市发展的关键在于如何实现经济的顺利转型，但其根本问题是资源枯竭带来的大量职工下岗失业及贫困问题。能否合理转移资源枯竭城市大批富余劳动力，这是城市转型成功与否的重要标准。从资源枯竭城市城镇登记失业率来看（见图3-10），从2004年到2009年，中国资源枯竭城市的失业率均高于全国地级市平均水平，而且差距有逐步扩大趋势。2004年，全国地级以上城市城镇登记失业率为3.95%，资源枯竭城市城镇登记失业率为5.56%，比地级以上城市平均水平高出1.61个百分点。2009年，全国地级以上城市城镇登记失业率为3.1%，资源枯竭城市城镇登记失业率为5.53%，比地级以上城市平均水平高出2.43个百分点。其中，2007年两者的差距最大，为2.91个百分比，2007年资源枯竭城市城镇登记失业率也最高，为6.53%。解决失业人员再就业问题成为资源枯竭城市的"重中之重"。

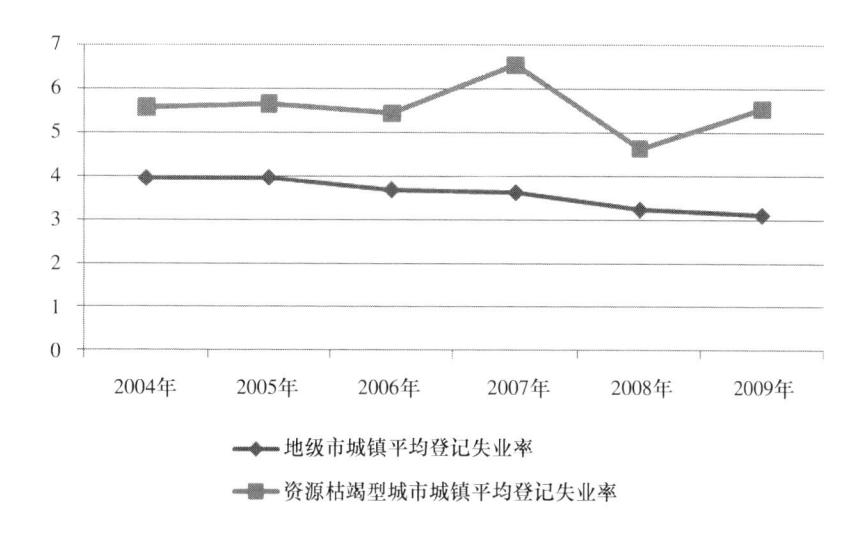

图 3 - 10　2004—2009 年资源枯竭城市城镇登记失业率（%）

注：失业率平均水平采用简单平均方法计算，资源枯竭城市城镇登记失业率计算中只包含地级以上城市。

根据 2011 年中国城市统计年鉴资料，中国 268 个地级以上城市的平均城镇失业率为 3.08%，而表 3 - 26 中 13 个资源枯竭城市的平均城镇失业率为 4.29%，比城镇平均失业率高出 1.21%。资源枯竭城市之间的失业率差异也较大，例如辽宁盘锦市的城镇失业率为 1.82%，安徽铜陵市的失业率却为 6.72%，高出 4.9%，这可能与资源枯竭城市自身的资源储量情况和经济转型成效密切相关。对于失业率较高的城市，社会保障面临的压力将会持续增加。

表 3 - 26　　　　　　　　2010 年部分资源型城市城镇失业率

城市	年末城镇失业人数（人）	从业人员数（万人）	失业率（%）
安徽淮北市	18238	42.74	4.09
安徽铜陵市	10959	15.22	6.72
山东枣庄市	21495	62.65	3.32
黑龙江七台河市	5843	22.24	2.56
陕西铜川市	6369	13.61	4.47

续表

城市	年末城镇失业人数（人）	从业人员数（万人）	失业率（%）
吉林辽源市	12171	14.86	7.57
河南焦作市	20680	65.53	3.06
湖北黄石市	35395	62.67	5.35
江西萍乡市	15603	43.28	3.48
江西景德镇市	11600	31.48	3.55
辽宁阜新市	18322	39.45	4.44
辽宁抚顺市	41339	63.58	6.10
辽宁盘锦市	14310	77.21	1.82

注：失业率计算公式，失业率=城镇失业人数/（失业人数+就业人数）。
资料来源：《中国城市统计年鉴》（2011）。

（二）失业人员劳动技能单一，与市场需求不匹配，再就业难度较大

首先，资源枯竭型企业的大部分劳动力长期从事资源开采工作，劳动技能比较单一，专业技能具有专用性，劳动力原有的工作经历和劳动技能对其再就业的帮助非常有限。其次，绝大多数劳动力受教育程度不高，所拥有的人力资本与劳动力市场的实际需求之间严重脱节，而且部分劳动者的年龄较大，处于40—50岁，适应岗位变化的能力比较差。为了协助失业人员能够顺利实现再就业，各级政府纷纷实行再就业培训工程，免费为失业人员提供多种技能的培训。但是，再就业工程的运行一直处于低效率状态，无论是接受培训方还是实施培训方都无法实现效用最大化。从接受培训方的角度，部分失业人员由于自身原因，对新技能的接受力较差，缺乏耐性，也比较排斥。许多资源型企业失业人员一直处于灵活就业状态，如在街头打零工、摆小摊等，他们拒绝接受培训。另外，学习技能的选择上，失业人员由于缺乏对社会需求和自身水平的正确认识，往往会步入误区，出现盲从或无所适从的现象。从实施培训方的角度来看，中华人民共和国国务院1998年颁布的《关心切实做好国有企业下岗人员基本生活保障和再就业工作的通知》中提出，再就业服务中心用于保障下岗职工基本生活和缴纳社会保险费用的资金来源，原则上采取"三三制"的办法

解决，即财政预算安排三分之一、企业负担三分之一、社会筹集（包括从失业保险基金中调剂）三分之一，具体比例各地可根据情况确定。① 这意味着再就业培训主要由政府、社会和企业三方共同承担，其主要资金则源于政府的财政拨款和失业保险金。作为资源型企业，自身正处于转型的困境中或濒临破产的边缘，很难提供额外的资金来帮助失业人员。这说明再就业工程的投入资金存在主体缺位现象，资金缺位也必然导致无法提供高质量的就业培训或者更广范围地帮助更多人获取新技能。

---

① 中共中央、国务院：《关于切实做好国有企业下岗职工基本生活保障和再就业工作的通知》，http://cpc.people.com.cn/GB/64162/71380/71382/71481/4854303.html。

第四章 资源枯竭城市人口转变与劳动力供给

第一节 人口增长率和年龄结构变化

一 人口增长、社会保障与经济发展之间的关系

人口增长与经济增长之间的关系一直是人口经济学界争论不休的问题。1798年马尔萨斯发表《人口论》，他认为粮食生产是以算术级数增长，而人口是以几何级数增长，因此将会产生大量过剩人口，并提出通过消除过剩人口来实现粮食与人口的平衡发展。当然，若技术进步或制度安排等均不变时，"马尔萨斯约束"的确存在，但是当考虑技术进步等因素时，当一国人口不断增长时，人均收入水平也随之提高，中国改革开放以来的经济发展成绩也验证了这一点，并没有出现马尔萨斯提出的"贫困陷阱"。经济学界在研究经济增长理论时，人口增长是重要研究变量。索罗的新古典经济增长理论提出，劳动力和资本是经济生产的主要投入要素，若规模报酬不变且劳动力和资本在一定程度上可相互替代，则每个劳动力的产出将由资本/劳动力的比率来决定。若储蓄率和人口增长率不变，经济处于稳态增长，此时资本/劳动力比也将保持不变，进而推出消费水平和人口增长率成负相关关系。这部分研究文献一般认为人口增长对经济发展有阻碍作用，较快的人口增长会使家庭将更多的收入用于新增人口的消费，从而降低了储蓄率和投资率。也有一些文献强调人口增长对经济发展有积极作用。假定外贸在经济中的作用有限，库兹涅茨认为较多的和不断增长的人口有利于形成大规模的国内市场，进而促进工业部门进行大规模专业生产。西蒙认为人口增长形成的资源短缺压力将激发人类的创造力，导致较快的技术进步和制度创新。

人口增长与经济发展之间是一种相互影响的关系，人口增长会影响经

济发展，反过来经济增长也会对生育率、死亡率等因素产生影响，一方面，经济增长促进人们生活水平提高，生育养育小孩的成本也随之攀升，养老保障等家庭功能社会化，这些都导致生育率不断下降；另一方面，生活水平和医疗水平的提升，提高了人们的预期寿命，降低了死亡率。两方面因素综合影响下，各国人口老龄化程度均在不同程度加深，在发达国家或地区这种现象尤为突出。

经济增长与社会保障之间也是相辅相成的关系。社会保障水平的高低在很大程度上取决于一国或一地区经济发展水平，许多地区养老金水平由劳动者退休前的工资水平和当地平均工资水平共同决定，工资水平越高，养老金水平也越高。社会保障对经济增长的影响主要基于两大经济理论，建立在新古典经济增长理论的研究文献认为社会保障通过影响消费者的预算约束来影响消费者的储蓄行为，进而影响经济增长中的物质资本的积累；以新经济增长理论为理论基础的文献则以人力资本为中间变量，从社会保障影响人力资本及其形成过程的角度来论证社会保障对经济增长的影响。

人口转变与社会保障之间既存在直接关联，也存在间接关系。人口转变对经济增长的积极或消极作用，也将直接传导给社会保障，对其发展产生影响。人口结构的变化对社会保障可持续发展的影响最为直接和关键。在少年抚养比和老年抚养比双重下降的影响下，意味着缴费人口不断下降而待遇领取人口不断上升，社会保障基金缺口扩大，现收现付制社会保障制度可持续发展面临财务支付风险，这些问题在部分高福利的发达国家频频发生。社会保障水平具有不可逆的刚性，潜在的财务支付风险使部分高福利国家期望通过降低待遇水平来减少支付压力，这必然导致利益受损群体的强烈反对，从而引发社会大罢工甚至动荡。人口老龄化不仅增加了社会养老和医疗的压力，社会消费需求也随之下降，有效劳动力供给将会大幅减少，劳动力成本增加，这些都不利于经济增长，进而对社会保障可持续发展产生不利影响。本节将重点阐述资源枯竭城市人口转变特征和劳动力供给变化趋势，以便于更好地更深入地研究资源枯竭城市社会保障的长期平衡发展。

二 资源枯竭城市人口增长情况

中国实行计划生育政策以前，人口增长速度较快，1952—1980年年均增长速度为 19.5‰，人口从 1952 年的 5.7 亿增加到 1980 年的 9.9 亿。计划生育政策实施以后，人口增长速度迅速下降，20 世纪 80 年代的年均增长速度为 14‰，2000 年以后人口自然增长率下降到 6‰~7‰，中国的人口增长率逐步下降到一个比较低的水平。为了适时调整人口结构，以适应中国经济社会发展需要，中国在 2014 年年初调整了生育政策，逐步放开了单独二孩政策。2013 年，中国年末总人口数达到 13.6 亿人，总人口数不断增加但增长速度逐渐放缓。如图 4-1 和图 4-2 所示。

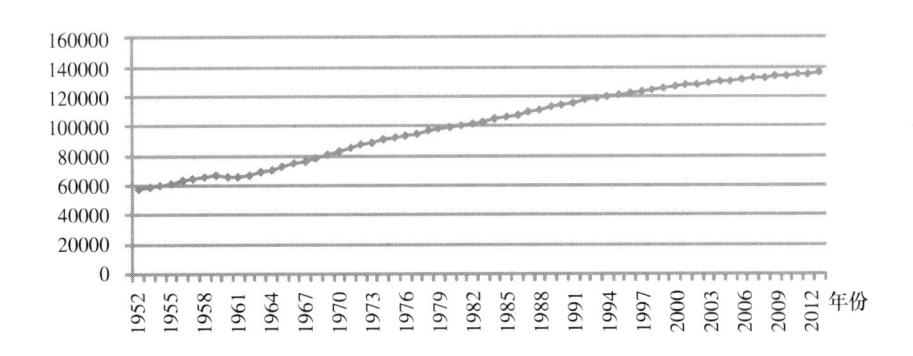

图 4-1　中国的总人口变化（1952—2013 年）（万人）

注：1981 年及以前人口数据为户籍统计数；1982 年、1990 年、2000 年、2010 年数据为当年人口普查数据推算数；其余年份数据为年度人口抽样调查推算数据。

资料来源：中华人民共和国统计局网，http://data.stats.gov.cn/workspace/index? m = hgnd.

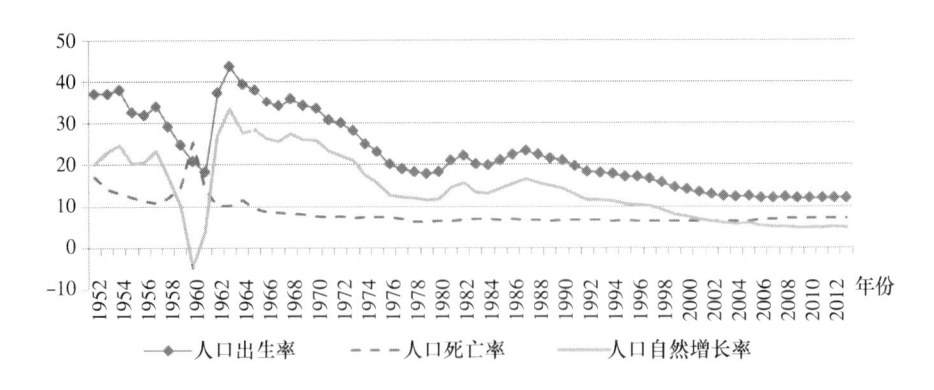

图 4-2　中国人口的自然增长（1952—2013 年）（‰）

表4-1　　　　地级市及以上资源枯竭城市总人口变化（一）　　　　单位：万人

年份	乌海市	抚顺市	阜新市	辽源市	白山市	伊春市	七台河市	淮北市	铜陵市
1992	29.4	223.25	185.56	120.38	125.15	93.73	81.57	168.18	63.55
1993	31.2	224.22	186.45	120.82	126.31	93.34	80.71	171.42	64.05
1994	32.45	225.09	187.38	121.31	127.65	131.65	81.35	177.15	65.4
1995	33.75	225.71	188.79	122.41	129.04	132	81.57	179.43	66.35
1996	35.12	226.81	190.07	123.54	130.56	132.32	82.76	181.43	66.56
1997	38.29	227.16	190.97	124.87	131.68	132.15	83.41	184.59	67.05
1998	39.1	227.13	191.27	124.64	131.67	131.67	83.43	186.58	67.7
1999	40.24	226.91	191.37	124.21	132.34	131.33	84.9	189.8	68.5
2000	39.72	227.01	192.08	124.28	131.31	132.49	86.32	196.3	69
2001	40.59	226.19	192.57	124.25	132.74	132.18	86.63	198.78	69.7
2002	41.2	226.11	192.96	124.23	132.97	131.88	86.34	201.22	70.32
2003	41.6	225.47	193.02	124.2	132.97	130.03	87.44	203.94	70.91
2004	42.23	224.88	192.8	123.98	130.66	129.57	88.15	209.39	71.63
2005	43.11	224.39	192.68	123.37	130.3	128.79	88.43	210.52	72.22
2006	43.35	223.9	192.97	123	129.98	127.74	89.07	212.2	73.11
2007	47.7	223.72	193.07	123.4	129.92	127.6	89.51	213.67	73.65
2008	48.27	223.19	192.46	123.33	129.68	127.63	90.22	215.78	73.89
2009	48.06	222.61	192.27	123.78	129.72	127.31	92.77	217.74	73.99
2010	53	220.91	192.38	123.75	128.7	126.95	92.86	219.56	74.01
2011	54.1	220.1	192.1	122.5	128.5	126.3	92.7	221.8	74.2

资料来源：《中国城市统计年鉴》（1993—2013）。

表4-2　　　　地级市及以上资源枯竭城市总人口变化（二）　　　　单位：万人

年份	景德镇市	萍乡市	枣庄市	焦作市	黄石市	韶关市	铜川市	白银市	石嘴山市
1992	133.86	164.93	326.7	355.99	134.74	287.27	78.54	149.82	62.54
1993	135.78	166.15	333.13	361.13	139.5	289.8	79.17	152.71	63.02

续表

年份	景德镇市	萍乡市	枣庄市	焦作市	黄石市	韶关市	铜川市	白银市	石嘴山市
1994	136.59	167.37	340.18	367.07	142.67	292.06	79.74	157.16	65.34
1995	137.64	168.89	345.03	371.85	145.32	293.62	80.42	160.94	66.04
1996	139.38	169.96	348.26	312.99	237.87	297.79	80.81	164.01	66.97
1997	140.47	171.15	351.33	316.68	242.83	299.43	81.71	166.2	67.48
1998	142.3	177.34	354.53	320.32	247.01	302.77	82.28	168.76	67.89
1999	142.23	173.04	355.8	324.75	249.36	305.1	82.5	171.12	68.67
2000	143.78	173.78	357.99	330.67	247.82	310.93	83.22	172.09	69.17
2001	145.61	174.71	360.32	333.57	252.65	312.63	83.5	172.89	69.66
2002	147.3	176.35	362.25	336.63	253.32	313.74	83.79	173.44	70.04
2003	148.3	177.74	363.76	340.19	253.81	314.85	83.98	173.64	72.78
2004	150.57	180.21	365.09	345.5	254.92	316.98	84.33	174.58	72.62
2005	150.82	179.67	367.27	352.15	252.25	318.66	84.39	174.57	72.28
2006	153.62	181.97	371.97	355.13	254.36	320.32	84.55	174.54	73.01
2007	156.18	184.65	380.19	357.97	255.39	321.19	84.86	176.34	73.41
2008	158.23	185.77	383.24	361.25	257.31	323.09	85.06	178.06	74.04
2009	160.22	186.93	386.79	364.86	258.56	325.54	85.31	179.55	74.52
2010	163.16	188.09	391.03	368.02	260.14	328.1	85.44	180.39	74.82
2011	164.6	190.3	394.2	370	260.1	329.7	85.5	179.4	75.1

从表 4-1 和表 4-2 可以看出，地级市及以上规模的资源枯竭城市总人口除辽宁抚顺市和阜新市以及内蒙古伊春市近几年人口出现负增长，其他城市总人口仍然呈逐步增加态势，部分城市由于行政辖区范围发生变化，导致人口有剧增现象，比如黄石市 1995 年总人口为 145.32 万人，但是 1996 年年末总人口增加到 237.87 万人，其主要原因是 1996 年 12 月 2 日，中华人民共和国国务院将咸宁地区管辖的阳新县划归黄石市，导致黄石市人口激增。18 个资源枯竭城市中，乌海市、铜川市和白银市人口增长速度下降最快，自然增长率从两位数降至平均水平以下。淮北市人口增长速度呈现 U 形，从 13‰降至 5‰左右，然后又升至 10‰。景德镇市人口增长速度最快，从全国城市平均水平逐渐增加到两位数增长速度。黄石

市人口增长速度下降也较为迅速，20世纪90年代平均自然增长率为8.16‰，90年代中期自然增长率甚至达到10‰以上，但是21世纪00年代黄石市人口平均自然增长率为3.9‰。与全国城市人口自然增长率平均水平相比较，除景德镇市、萍乡市、枣庄市、焦作市以外，其他14城市人口增长率下降幅度都高于全国平均水平，其中抚顺市下降速度达到145%，从20世纪90年代的2.45‰下降至-1.1‰。黄石市人口自然增长率下降速度在18个城市中排名13，为52%，人口规模增长缓慢。

人口自然增长率取决于人口出生率和人口死亡率，如果人口自然增长率为负值，则意味着该城市的人口出生率小于人口死亡率。如果长期保持人口自然增长率为负值，该城市人口老龄化速度将大幅上升，不利于经济转型和发展。因此，对于抚顺市、阜新市和伊春市来讲，人口老龄化程度往往会高于其他城市。黄石市虽然人口自然增长率为正值，但是增长速度却大幅放缓，这意味着黄石市人口出生率的增长速度低于人口死亡率的增长速度，从长期来讲，这也会加快黄石市人口老龄化速度。如图4-3至图4-5所示。

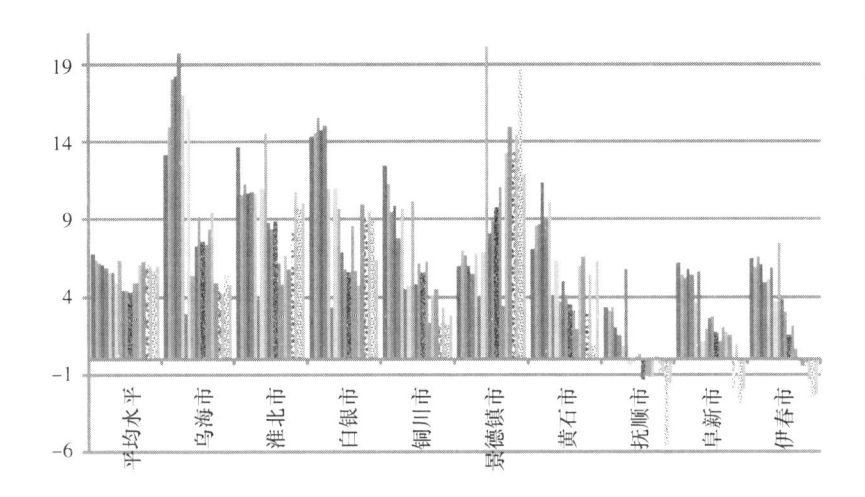

图4-3 部分资源枯竭城市人口自然增长率变化（1992—2011年）（‰）

注：平均水平是根据286个地级以上城市人口自然增长率水平取均值计算得到，图中每个城市的柱状线分别代表1992—2011年人口自然增长率。

资料来源：《中国城市统计年鉴》（1993—2012）。

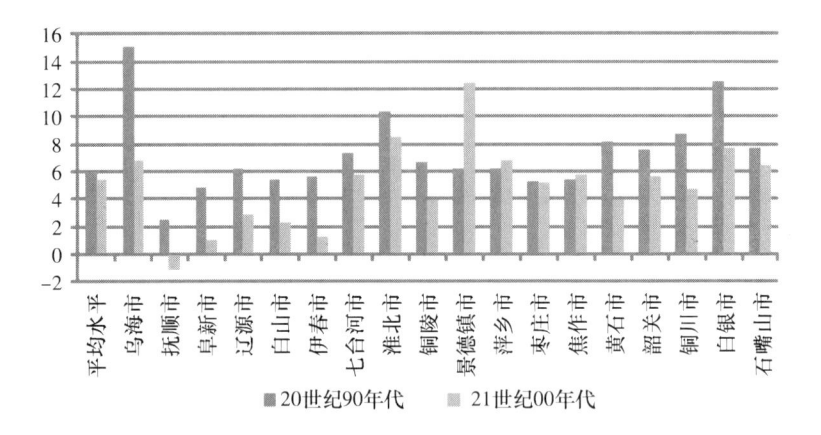

图 4-4　18 个地级以上资源枯竭城市人口平均自然增长率变化（‰）

注：各城市 20 世纪 90 年代数据是根据 1992—1999 年人口自然增长率取算术平均数得到，21 世纪 00 年代数据是根据 2000—2009 年人口自然增长率取算术平均数得到。

资料来源：《中国城市统计年鉴》（1993—2012）。

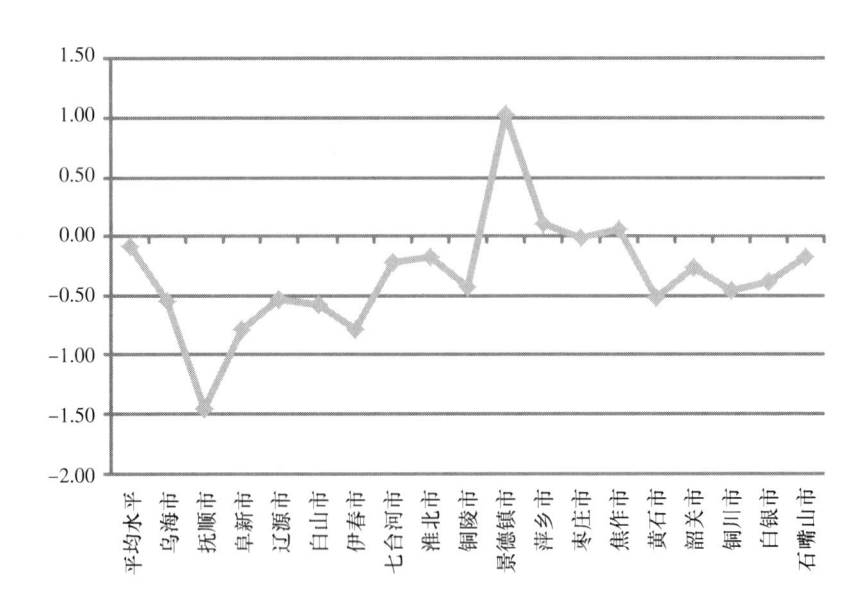

图 4-5　20 世纪 90 年代—21 世纪 00 年代资源枯竭城市人口平均自然增长率变化速度（%）

资料来源：《中国城市统计年鉴》（1989—2011）。

三 黄石市人口结构分析

人口转变是指人口再生产模式的转变，主要表现为从高出生率、高死亡率和低自然增长率的传统人口再生产模式，经历高出生率、低死亡率和高自然增长率人口再生产过程，逐步向低出生率、高死亡率和低自然增长率的现代人口再生产模式过渡。在现代人口再生产模式下，人口的平均年龄较高，老年人口占比较大，大部分发达国家的人口增长模式都呈现这一特征。图4-6更为详细地展示了人口转变的一般规律，Ⅰ表示人口增长的初始状态，出生率比较稳定，但是死亡率波动较大，但是出生率和死亡率没有明显差异，人口规模呈现稳定态势；Ⅱ和Ⅲ表示人口规模扩张阶段，此时出生率高于死亡率，其中Ⅱ表示人口加速增长阶段，Ⅲ表示人口增速放缓阶段；Ⅳ阶段又重新回到稳定发展时期，但是该阶段死亡率比较稳定，出生率波动较大。依照发达国家的人口发展规律，当一国经济发展到一定阶段，人民的生活水平有了较大幅度提升，与之伴随的就是老龄化程度加剧，因此许多发达国家都出台政策鼓励生育以提高出生率来优化人口结果。但是在中国部分城市出现了未富先老的严峻形势，这对地区经济发展极为不利。

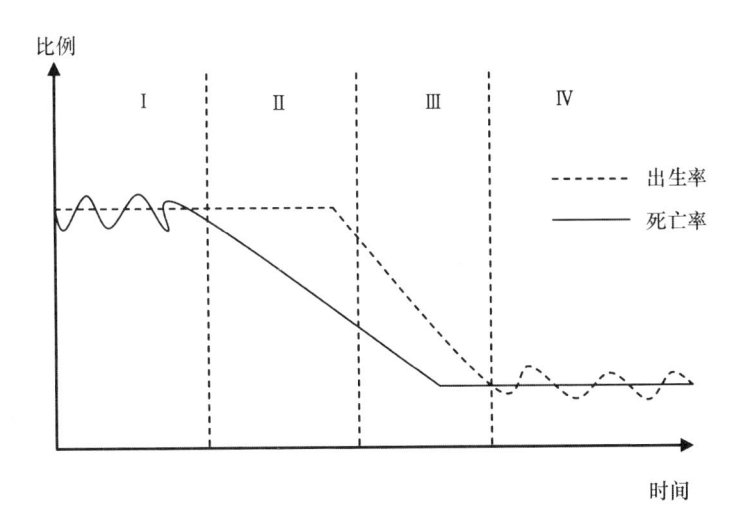

图4-6 人口转变过程

资料来源：William, A. Jackson., *The Political Economy of Population Aging*, Published by Edward Elgar Publishing Limited, 1998.

(一) 黄石市历年人口变化规律

如图4-7显示的黄石市从1949年新中国成立以来，除了少数年份如20世纪60年代自然灾害时期出现了人口下降，总人口整体呈上涨态势，截至2012年年底，黄石市总人口为269.44万人，全年出生人口4.03万人，人口出生率为15.07‰，人口自然增长率为9.61‰，出生人口性别比为122。黄石市人口出生率和人口自然增长率的变动轨迹非常相似，1952—1967年，人口出生率和增长率都出现了较大幅度的波动，1968年以后，黄石市人口出生率和增长率逐年下降，1980年以后，下降趋势减弱，人口出生率和增长率虽然仍有波动，但是波动幅度较小，人口变化趋于平稳。由于人口出生率和自然增长率的变动轨迹一致，两条曲线之间的距离就是人口死亡率，从图4-8中发现，人口死亡率变动相对较稳定，90年代以前，人口死亡率呈现缓慢下降趋势，之后一直保持平稳。从人口转变的规律来看，黄石市人口变化已经进入了第四个阶段，这个阶段一般是地区经济发展较快，人民生活水平较高，老龄化程度不断加深，许多发达国家人口发展正处于这一阶段，而黄石市正处于经济转型阶段，经济发展还需要丰富的劳动力资源，人口老龄化不利于经济转型与发展。详情如表4-3所示。

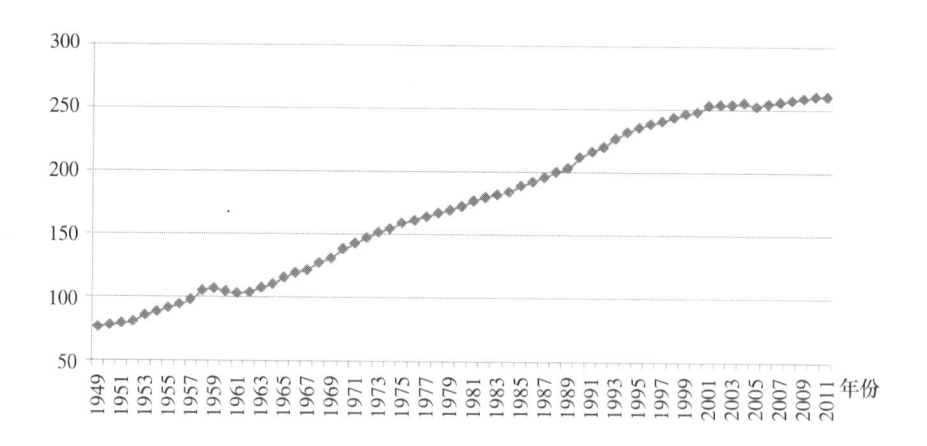

图4-7 黄石市年末总人口变化（1949—2011年）（单位：万人）

资料来源：《黄石市统计年鉴》（2012）。

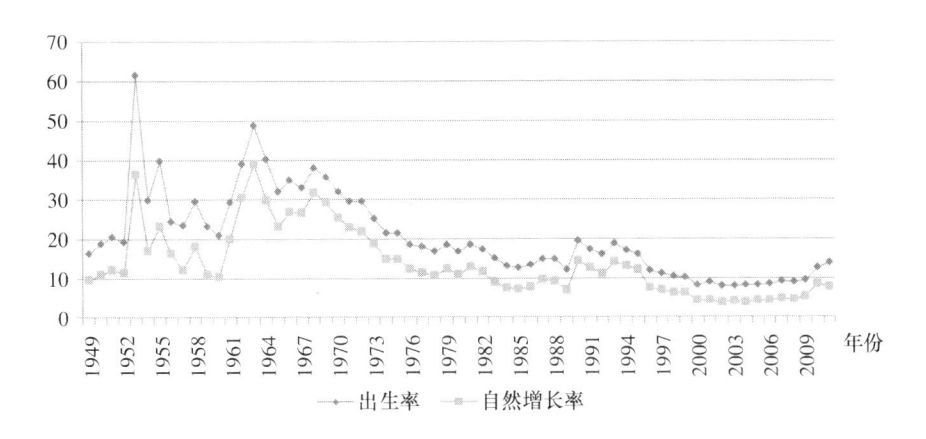

图 4-8　黄石市人口的自然增长（1949—2011 年）（‰）

资料来源：《黄石市统计年鉴》（2012）。

表 4-3　　　　　　　　黄石市 1999—2013 年人口变化规律　　　　　单位：%

年份	人口出生率	人口死亡率	人口自然增长率	婴儿死亡率
1999	10.19	4.00	6.15	23.91
2000	10.34	5.99	4.35	10.93
2001	8.97	4.77	4.20	10.95
2002	7.87	4.02	3.85	—
2003	7.83	3.86	3.97	—
2004	8.06	4.36	3.7	12.96
2005	8.26	4.1	4.16	9.58
2006	8.46	4.22	4.24	8.05
2007	9.19	4.49	4.7	5.93
2008	9.02	4.59	4.43	6.47
2009	9.28	4.02	5.26	5.21
2010	12.56	4.09	8.47	3.86
2011	13.67	6.01	7.66	3.59
2012	15.07	5.46	9.61	—

表4-4显示，自2000年以来，黄石市14岁以下人口出现较大幅度下降，15~64岁人口呈倒"U"形，先增加后减少，65岁及以上人口则呈现上升趋势。少儿抚养比是0~14岁人口数量与15~64岁人口数量的

比值，从37.89%下降到23.20%，减少了近15个百分比，呈现快速下降趋势；老年抚养比是65岁及以上人口数量与15～64岁人口数量的比值，从7.45%增加到10.50%，提高了约3个百分比，呈现不断上升趋势；预期寿命则从71岁增加到74.5岁，10年提高了3.5岁。少低老高的趋势和预期寿命增加，都意味着未来黄石市人口老龄化程度将会进一步加剧。黄石市育龄妇女人口数量也在减少，从2004年到2011年，15～49岁的育龄妇女从73.9万人降低至53.4万人，这一指标将极大影响出生婴儿的数量，使出生婴儿数量减少，降低少儿抚养比。人口性别比也发展不平衡，2005年黄石市出生男孩数量与出生女孩数量的比值为115.2，而到2011年，这一指标增加到124.2，男孩数量远远超过女孩，人口性别结构不合理，对未来人口持续发展较为不利。

表4-4　　　　　黄石市2000—2011年人口结构变动

年份	0～14岁人口（万人）	15～64岁人口（万人）	65岁以上人口（万人）	少儿抚养比（%）	老年抚养比（%）	预期寿命（岁）	育龄妇女人口（15～49岁）（万人）	出生人口性别比（女孩=100）
2000	64.6	170.5	12.7	37.89	7.45	71	—	—
2001	64.9	171.3	12.7	37.89	7.41	71	—	—
2002	60.5	175.5	13.8	34.47	7.86	73.9	—	—
2003	52.8	183.8	14.2	28.73	7.73	73.9	—	—
2004	49.2	188.4	14.2	26.11	7.54	74	73.9	—
2005	45.1	193	14.7	23.37	7.62	74	75.3	115.2
2006	42	196	16	21.43	8.16	74.12	75.1	114.8
2007	41	197	17	20.81	8.63	74.2	75.8	115.93
2008	36	203	18	17.73	8.87	74.3	49.7	118
2009	33	206	21	16.02	10.19	74.4	51.4	115.6
2010	42	181	19	23.24	10.43	74.5	52.6	127
2011	42	181	19	23.20	10.50	74.5	53.4	124.2

资料来源：《黄石市统计年鉴》(2001—2012)。

(二) 黄石市现行人口年龄结构

根据黄石市2010年人口普查数据，黄石市常住人口为242.93万人，其中60岁及以上人口为29.79万人,占比12.26%;65岁及以上人口为18.96万人,占比7.8%,均超出联合国定义老龄化城市的标准。全市常住人口中,0~14岁的人口为422413人,占总人口的17.39%;15~64岁的人口为1817352人,占总人口的74.81%;65岁及以上的人口为189553人,占总人口的7.8%。其中,少儿负担系数为23.24%,老年负担系数为10.43%,总负担系数为33.82%。与第五次全国人口普查相比,0~14岁人口的比重下降了8.65个百分点,15~64岁人口的比重上升了6.09个百分点,65岁及以上人口的比重上升了2.56个百分点,少儿负担系数上升10.52个百分点,老年负担系数上升2.83个百分点。与湖北省2010年人口普查相比,0~14岁人口占总人口的13.91%;15~64岁人口占总人口的77.00%;65岁及以上人口占总人口的9.09%。人口老龄化程度低于湖北省平均水平,而且14岁及以下人口比例低于湖北省3.5个百分比,在其他条件一定下,黄石市的老龄化程度要慢于湖北省。与全国2010年人口普查相比,全国65岁及以上人口占总人口的比值为8.9%,少儿负担系数为22.28%,老年负担系数为11.95%,总负担系数为34.23%。黄石市人口结构也显得略微年轻,对经济发展较为有利。如表4-5所示。

表4-5　　　　　　　　2010年黄石市人口年龄结构

年龄	男性		女性		全部	
	人数(人)	比例(%)	人数(人)	比例(%)	人数(人)	比例(%)
0~4岁	103252	8.20	74084	6.33	177336	7.29
5~9岁	74364	5.91	52070	4.45	126434	5.20
10~14岁	70677	5.61	47966	4.10	118643	4.88
15~19岁	130295	10.35	108501	9.27	238796	9.82
20~24岁	117945	9.37	125027	10.69	242972	9.99
25~29岁	87803	6.97	91579	7.83	179382	7.38
30~34岁	84673	6.72	82941	7.09	167614	6.89
35~39岁	107397	8.53	106404	9.09	213801	8.79
40~44岁	111936	8.89	109105	9.32	221041	9.09
45~49岁	93948	7.46	91899	7.85	185847	7.64

续表

年龄	男性		女性		全部	
	人数（人）	比例（%）	人数（人）	比例（%）	人数（人）	比例（%）
50~54 岁	62448	4.96	62175	5.31	124623	5.12
55~59 岁	69100	5.49	68475	5.85	137575	5.66
60~64 岁	54550	4.33	51151	4.37	105701	4.35
65~69 岁	36309	2.88	35284	3.02	71593	2.94
70~74 岁	27254	2.16	27801	2.38	55055	2.26
75~79 岁	16201	1.29	18502	1.58	34703	1.43
80~84 岁	7355	0.58	9733	0.83	17088	0.70
85 岁及以上	3753	0.30	7361	0.63	13723	0.56
0~14 岁	248293	19.72	174120	14.88	422413	17.39
15~64 岁	920095	73.07	897257	76.68	1817352	74.81
65 岁及以上	90872	7.22	98681	8.43	189553	7.80
少儿负担系数	—	26.99	—	19.41	—	23.24
老年负担系数	—	9.88	—	11.00	—	10.43
总负担系数	—	36.86	—	30.40	—	33.82

资料来源：《黄石市第六次人口普查数据》。

2010年，在黄石市常住人口中，男性为1259260人，占总人口的51.84%；女性为1170058人，占总人口的48.16%。总人口性别比（以女性为100，男性对女性的比例）由2000年第五次全国人口普查的110.57下降为107.62。在男性人口中，60岁及以上人口为14.54万人，占比11.54%；65岁及以上人口为9.09万人，占比7.22%。在女性人口中，60岁及以上人口为15.25万人，占比13%；65岁及以上人口为9.87万人，占比8.43%。女性人口的老龄化程度要高于男性人口，这可能与女性预期寿命较高有关。

从黄石市各辖区人口结构来看，黄石港区、西塞山区、下陆区、铁山区四大城区的老龄化程度要高于阳新县和大冶市，其中铁山区65岁及以上人口占总人口比重达到12.5%。人口负担系数上，阳新县的人口总负担系数最高，达到39.77%，其中少儿负担系数为29.84%，老年负担系数为9.93%。其次是大冶市,人口负担系数为33.59%,其中少儿负担系数为23.67%。从长期来看,由于阳新县和大冶市14岁及以下人口占比较高,分别为21.35%和17.72%,在不考虑人口迁移等因素影响的条件下,可以在一定程度上减缓两个地区的老龄化加剧程度(见表4-6)。

表4-6　　　　　　2010年黄石市各辖区人口年龄结构

地区	占总人口比重(%)			抚养比(%)		
	0~14岁	15~64岁	65岁及以上	总抚养比	少儿抚养比	老年抚养比
黄石港区	11.66	79.67	8.67	25.52	14.64	10.89
西塞山区	13.06	77.41	9.54	29.19	16.87	12.32
下陆区	11.88	80.05	8.07	24.92	14.84	10.08
铁山区	12.06	75.43	12.5	32.57	15.99	16.58
阳新县	21.35	71.55	7.11	39.77	29.84	9.93
大冶市	17.72	74.86	7.43	33.59	23.67	9.92
总计	17.39	74.81	7.8	33.67	23.24	10.43

资料来源:《黄石市第六次人口普查数据》。

第二节　人口预测模型

一　人口预测的主要方法

人口预测是根据一个国家或地区人口现状和以往人口发展的规律性,对未来人口发展状况进行的推算。[①] 人口预测包括人口总数预测、生育率预测和死亡率预测三方面内容,每个内容的预测都有不同的方法。科学的人口预测可以为一国或者一个地区未来经济社会发展计划或制度安排的拟定提供必要的依据。这里只介绍人口总数预测方法,生育率和死亡率的方法较为复杂,这里略去。人口总数预测主要有三种方法:一是"直接预测法";二是"分人口要素预测法";三是"分年龄性别预测法"。

[①] 查瑞传、乔晓春:《人口普查资料分析技术》,中国人口出版社1991年版,第434页。

(一) 直接预测法

直接预测法是利用所选定的数学公式,根据人口基数和未来人口增长速度来推算。具体人口增长公式如表4-7所示。

表4-7　　　　　　直接预测法中人口增长数学公式一览

	具体公式	特点
线性增长法	$P_n = P_0 + m \times n$ 或 $P_n = P_0(1 + r_0 \times n)$ P_n:第n年人口总数;P_0:基年人口总数。 m:人口年均净增量;r_0:基年人口增长速度	人口年净增量是常数。一般用于人口变化不大的地区,常用于短期预测
几何增长法	$P_n = P_0(1 + r)^n$ r:人口年平均增长速度	人口总量等比例增长,用于稳定型人口地区,迁移等影响忽略不计
指数增长法	$P_n = P_0 e^{rn}$ r:人口年平均增长速度	指数增长预测时会出现人口总量持续无限增长,不符合实际情况
Logistic增长法	$P_t = \dfrac{P_m}{1 + e^{a+bt}}$ a、b、P_m为待估参数,P_m表示人口极限规模	人口总量不断增长的同时,人口增长率会逐渐下降

(二) 分人口要素预测法

分人口要素预测法是利用人口平衡方程来预测期末人口总数。具体公式为:

$$P_1 = P_0 + B - D + I - E$$

其中P_1为期末人口数,P_0为期初人口数,B为预测期内出生人数,D为预测期内死亡人数,I为预测期内迁入人数,E为预测期内迁出人数。

(三) 分年龄性别预测法

现代人口预测更多采用分年龄性别预测法,它分为静态人口预测和动态人口预测,静态人口预测假设未来各年人口出生率、死亡率和迁移率不变所做的人口预测,一般适用于短期人口预测;动态人口预测则先需要预测各年人口出生率、死亡率和迁移率的变化,然后再做人口总数预测,这种预测一般适合于中长期人口预测。这里仅对静态人口预测方法做简单介绍。

静态人口预测所需要的基础数据包括分性别分年龄人口数、年龄别生育率、分年龄分性别人口的死亡概率(或死亡率),基本步骤为:

第一步,人口年龄移算:

$$P_{x+1}(t+1) = (1 - \mu_x)P_0$$

其中 μ_x 表示 x 岁人口的死亡率;

第二步,出生人口和 0 岁人口预测:

$$B(t) = \sum_{x=15}^{49} W_x(t) \cdot f_x$$

其中 $B(t)$ 表示 t 年出生人数,$W_x(t)$ 表示 t 年 x 岁妇女人数,f_x 表示 x 岁妇女生育率;

第三步:

$$P_0 = BP_B = B(1 - \mu_0)$$

其中 P_B 表示当年出生婴儿存活率,μ_0 表示当年出生婴儿死亡概率。

二 PADIS–INT 模型

(一) PADIS 的基本概念

PADIS 是人口宏观管理与决策信息系统(Population Administration Decision Information System)的简称,它是由中国人口与发展研究中心研发的国家"十五"重点电子政务项目。PADIS 系统包括公共服务平台和决策支持平台两大平台,一方面有利于提高公共管理水平,履行公共服务责任;另一方面可以统筹解决人口数量、素质、结构、分布等问题,为人口与经济、社会、资源、环境等相关决策提供支持。PADIS 决策支持平台从生育政策分析、劳动力供需分析和农村家庭保障分析预测三个方面设计了十一类模型,如图 4-9 所示。2010 年 2 月至 2011 年 4 月,在人口宏观管理与决策信息系统(PADIS)建设成果的基础上,在联合国人口司的指导下,研发了国际通用人口预测软件 PADIS–INT(V1.0 版)。随后,中国人口与发展研究中心在生育、死亡、迁移等方面做了技术改进和升级,研发了更多预测功能的新版本。

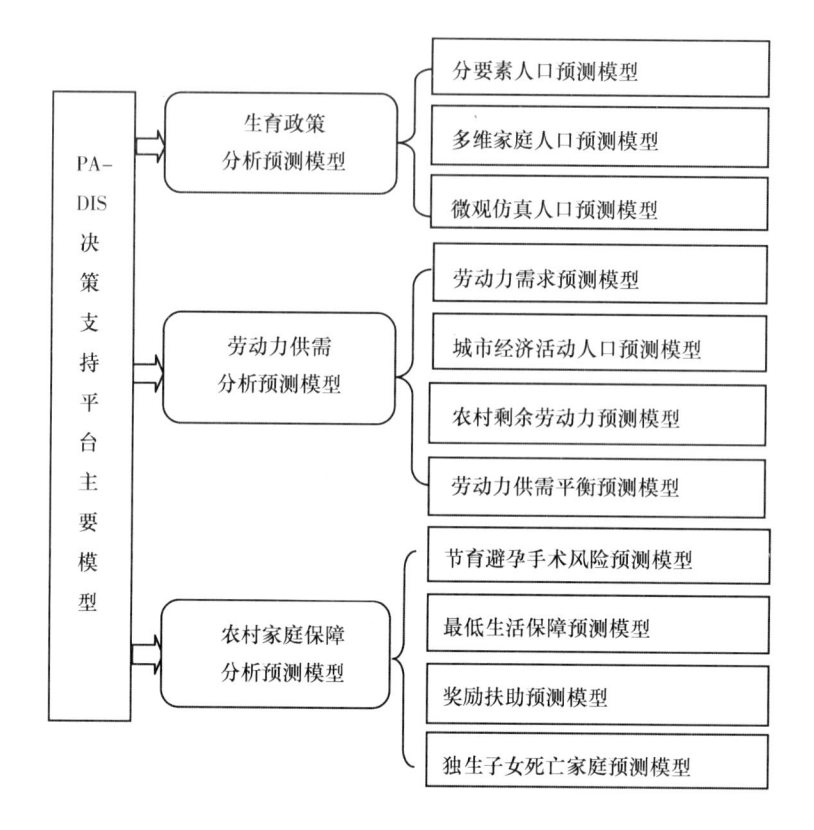

```
                    ┌─────────────────────┐
           ┌────────┤ 分要素人口预测模型  │
           │        ├─────────────────────┤
    ┌──────┴──┐     │ 多维家庭人口预测模型│
    │生育政策 ├─────┤                     │
    │分析预测 │     ├─────────────────────┤
    │模型     │     │微观仿真人口预测模型 │
    └─────────┘     └─────────────────────┘
```

图 4-9　PADIS 决策支持平台主要模型系统

（二）PADIS-INT 模型基本原理

PADIS-INT 预测模型采用国际上应用最为广泛的队列组元方法（The Cohort Componet Method，CCM），使用该模型的用户可以通过输入预测基年人口，选择相应的生育模式、死亡模式和迁移模式，以及生育、死亡、性别比、净迁移率等参数，实现人口预测。队列分析（Cohort Analysis）或称一代人分析（Generation Analysis），它是研究一批明确规定的同批人在各个时期的状况。队列组元方法是 PADIS-INT 模型的基本算法，其基本公式为：

$$P(t+1, x+1, s) = P(t, x, s) - D(t, x, s) + I(t, x, s)$$
$$P(t, 0, s) = B(t, s)$$

具体步骤为：①根据 0 岁预期寿命、模型生命表生成对应的完全生命表；②根据人口队列、完全生命表计算死亡人口及存货人口；③根据总和生育率、年龄别生育模式计算育龄妇女年龄别生育率；④估算年龄别育龄妇女历险人群；⑤计算出生人口；⑥根据净迁移率/人口数、年龄别迁移模式计算年龄别迁移人口、未迁移人口；⑦进行队列移算，生产新的人口队列，完成一年的计算；⑧汇总人口指标，如育龄妇女、抚养比等。重复以上步骤计算下一年数据。

PADIS-INT 模型引入了迭代算法、非线性预测模型、多区域动态平衡预测功能，集成了联合国最新生命表，生育水平、死亡水平采用双逻辑曲线预测等分析技术，基本原理如图 4-10 所示。

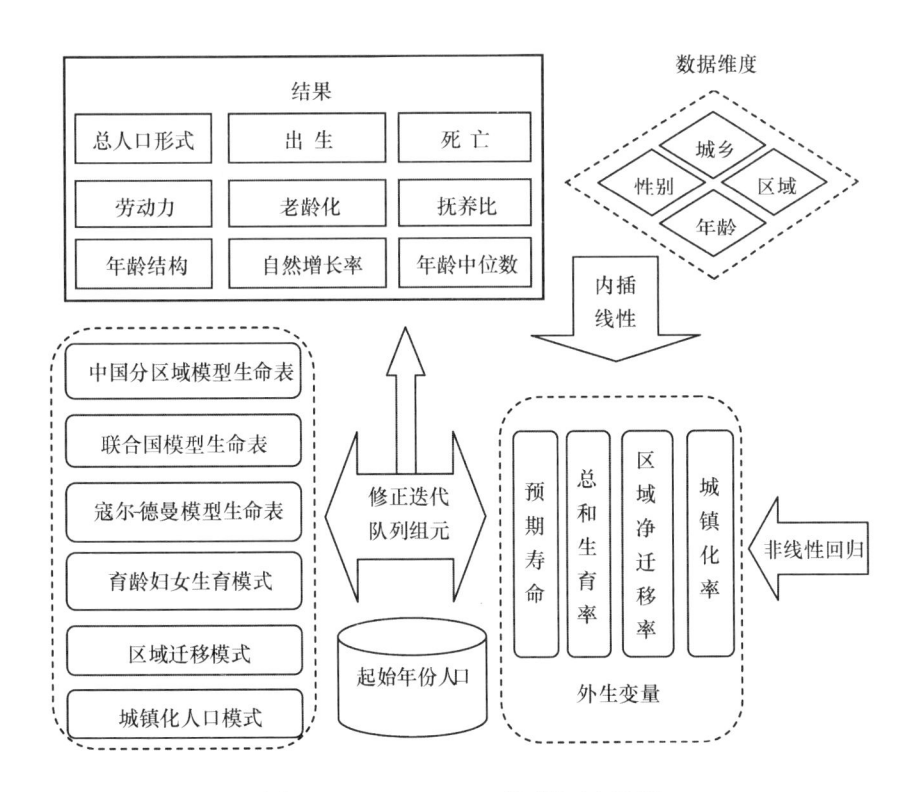

图 4-10　PADIS-INT 模型基本原理①

---

① 本图引自中国人口与发展研究中心张许颖老师在北京大学与联合国基金会合办的人口分析技术暑期班 2014 年 7 月 21 日的课堂讲义。

第三节 黄石市未来人口预测

中国人口的一个独特之处在于人口的城乡二元性，城乡人口在现有的年龄结构、死亡率、生育率等方面都有很大的差异。伴随着经济发展，人口城市化速度加快，在新型城镇化背景下，农村劳动力转移到城市成为城市人口，提高城镇化水平是未来中国经济增长的动力之一。然而，在人口从农村迁移到城市的过程中，妇女的生育率水平也会随之发生变化。本书在对黄石市未来总人口预测之前，必须对死亡率、预期寿命、死亡模式、生育水平、城镇化率、出生性别比、迁移率等都进行参数设定。

一 参数设定

（一）预测区间和方法设定

本部分选用 PADIS – INT 人口预测模型对黄石市总人口进行预测。起始年份与终止年份分别设为 2010 年和 2040 年，参数调整间隔设为 5~10 年，人口的最高年龄设置为 100 岁，预期寿命内插法和总和生育率内插法均采用线性内插，死亡模式采取寇尔德曼生命表西区模式，起始人口是利用黄石市第六次人口普查的相关数据，它是总人口预测的基础。

（二）预期寿命

从黄石市预期寿命的变动来看，自 2000 年到 2010 年，黄石市预期寿命平均增长了 3.5 岁，基本上与湖北省人口平均预期寿命变动类似。这里由于数据资料限制，根据湖北省男性人口和女性人口预期寿命的变动规律来设定黄石市未来 30 年的预期寿命参数，假定男性每十年增加 3 岁，女性每十年增加 3.5 岁，具体数据如表 4 – 8 所示。

表 4 – 8　　　　　　　　黄石市未来预期寿命假定　　　　　　　　单位：岁

年份	男性预期寿命	女性预期寿命
1990	65.51	69.23
2000	69.31	73.02
2010	72.48	77.05
2015	73.98	78.8

续表

年份	男性预期寿命	女性预期寿命
2020	75.48	80.55
2025	76.98	82.3
2030	78.48	84.05
2035	79.98	85.8
2040	81.48	87.55

(三) 生育水平

由于生育率水平在短时间内变动并不明显,因此这里参数设定时间间隔为10年。由于单独二胎政策放开,未来黄石市的总和生育率将会有所提高。在女性受教育程度提高这一因素的影响下,女性生育小孩的年龄会推迟,这意味着高年龄段的生育率上升速度加快而低年龄段生育率上升速度会减慢。不考虑城乡人口在生育率上的差异。伴随城镇化水平提高、生活节奏加快和养育成本增加等因素的影响,生育率提升速度将放缓。具体参数设定如表4-9所示。

表4-9　　黄石市高生育率方案下分年龄别生育率和总和生育率参数假定 (‰)

年份	总和生育率	15~19岁	20~24岁	25~29岁	30~34岁	35~39岁	40~44岁	45~49岁
2010	1551.49	12.02	104.23	109.88	54.68	21.22	5.66	2.60
2020	1702.64	13.62	114.65	120.87	62.88	23.34	6.23	2.86
2030	1847.30	14.34	122.12	132.95	72.31	35.68	6.85	3.15
2040	2000.00	15.27	126.42	141.60	99.65	32.96	7.19	3.30

为了比较分析,这里分别采用高、中、低三种生育率方案,五年期总和生育率呈线性增加,高生育率平均每5年递增0.15,中生育率平均每5年递增0.08,低生育率先按0.05递增,后按0.05递减,具体总和生育率如表4-10所示。

表4-10　　　　　高、中、低三种总和生育率方案参数设定

年份	高生育率方案	中生育率方案	低生育率方案
2020	1.70	1.64	1.60
2030	1.85	1.72	1.55
2040	2.00	1.80	1.50

（四）出生性别比和净迁移水平

从2010年至2012年，黄石市出生性别比分别为127、124和122，呈现逐步下降态势。与湖北省和全国平均水平相比较，2012年湖北省出生人口性别比为118.67，全国出生人口性别比为117.7，黄石市出生性别比明显偏高。伴随着二胎政策放开和重男轻女观念的淡化，黄石市出生人口性别比将有所下降，最终在2040年达到理想状态。净迁移人口等于迁入人口减去迁出人口，这主要取决于地区经济发展水平。黄石市目前主要是人口迁出，2010年男性人口净迁出143844人，女性人口净迁出98147人，在未来30年，黄石市净迁移率将呈现先上升后下降的趋势。假设黄石市净迁移人口2030年以前以每5年5%的速度增长，从2030年开始，在黄石市经济发展和就近城镇化政策的影响下，净迁移人口又以每5年5%的速度下降（表4-11）。

表4-11　　　　　　　黄石市出生性别比参数设定

年份	出生性别比（%）
2005	115
2010	127
2015	120
2020	115
2025	115
2030	110
2035	110
2040	105

二　预测结果

（一）未来总人口预测

在高生育率方案中（见图4-10），人口在2040年以前将一直增长，

到 2040 年，黄石市总人口将达到 348.363 万人，这主要是假设生育率大幅度提高的结果。在中生育率方案中，到 2036 年人口达到最高峰，约为 319.777 万人，此后逐步下降，到 2040 年为 316.357 万人。低生育率方案的人口在 2031 年达到峰值，到 2040 年人口降到 289.916 万人（见图 4 - 11）。

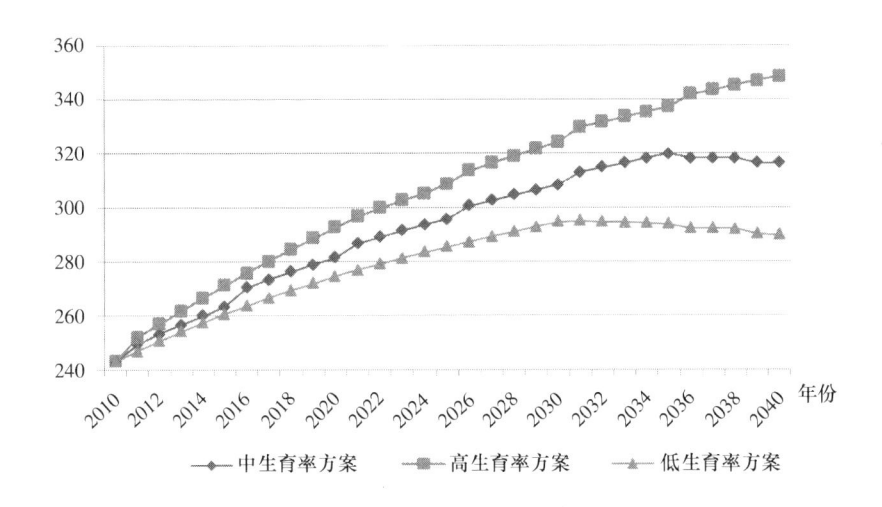

图 4 - 11 三种不同生育率方案下黄石市总人口变化

（二）未来人口结构预测

黄石市 2010 年具体结构特征（见图 4 - 12），0 ~ 14 岁人口占比 17.39%，15 ~ 64 岁人口占比 74.81%，65 岁及以上人口占比 7.8%，由此得到老年负担系数为 10.34%。根据人口预测结果，未来黄石市的人口结构也会发生显著变化（见图 4 - 13 至图 4 - 16）。从中生育率方案可以看出，黄石市人口结构发生了较大的变化。2020 年，黄石市 65 岁以上人口增加到 9.6%；2040 年，这一比例达到 15.1%。工作人口比例不断下降，导致老年负担系数显著上升。在中生育率方案下，从 2010 年到 2040 年，老年负担系数分别为 10.43%、13.07%、14.66%、22.08%。在低生育率方案下，人口的老龄化趋势最为明显，在 2020 年老年负担系数为 19.82%，2040 年为 31.2%。在高生育率方案下，老年负担系数相对较小，2040 年为 20.61%。

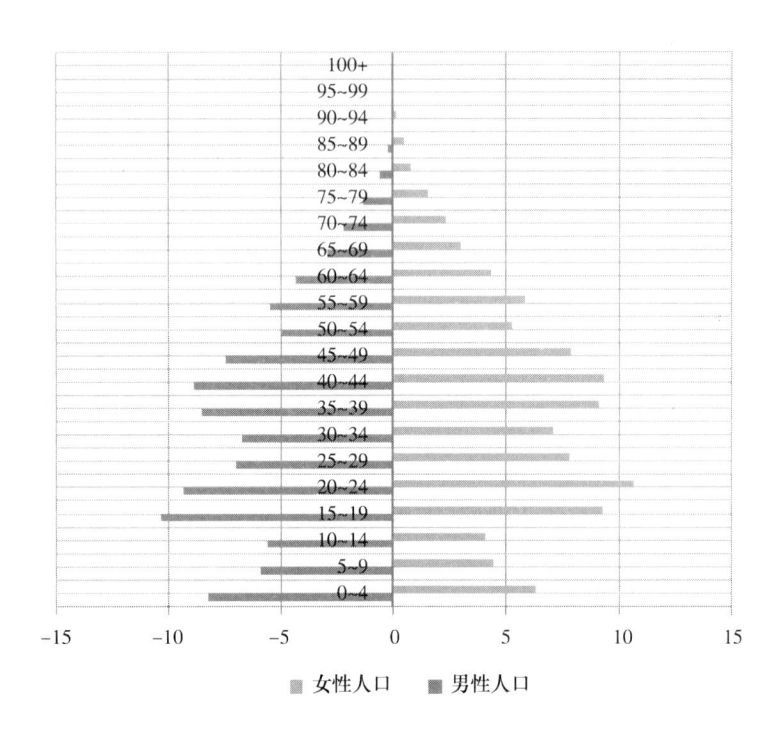

图 4–12　黄石市 2010 年人口金字塔

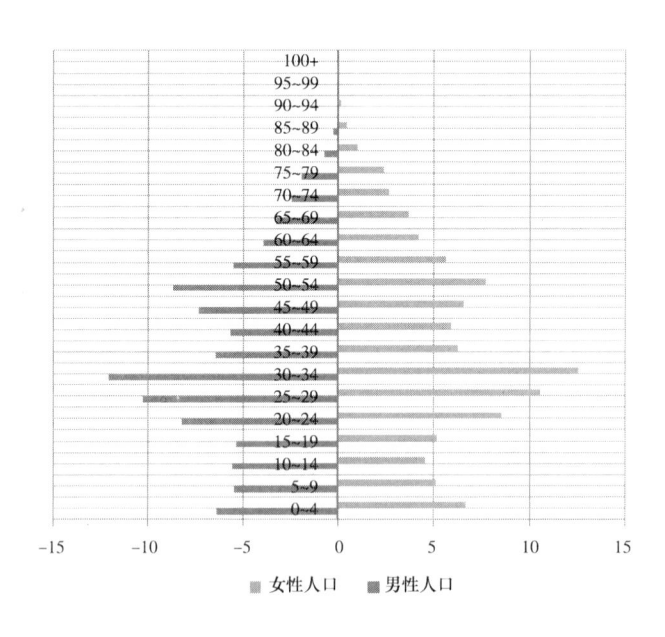

图 4–13　黄石市 2020 年中生育率方案下人口金字塔

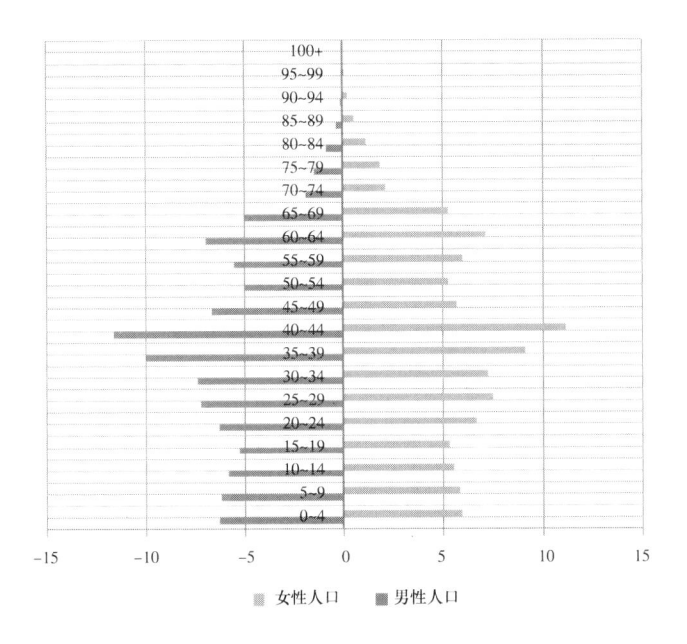

图 4-14　黄石市 2030 年中生育率方案下人口金字塔

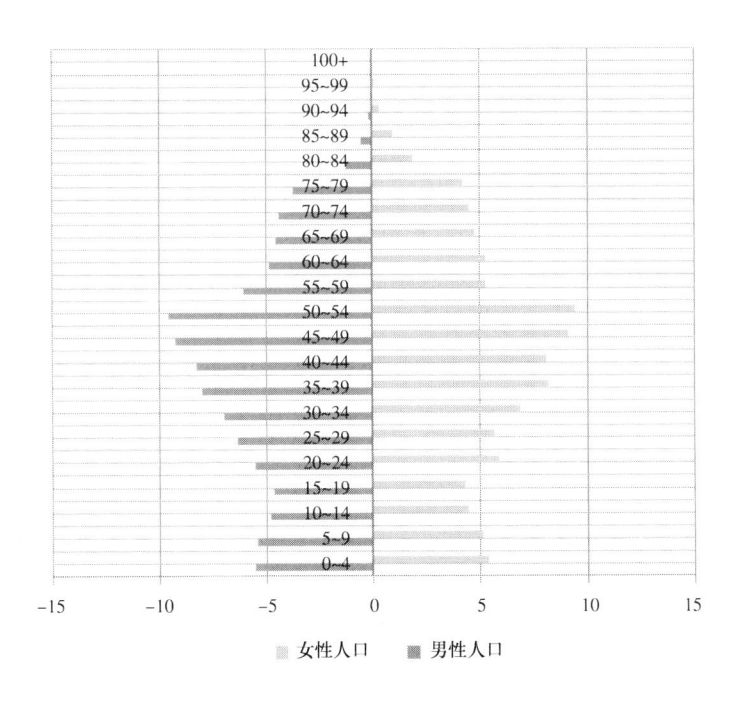

图 4-15　黄石市 2040 年中生育率方案下人口金字塔

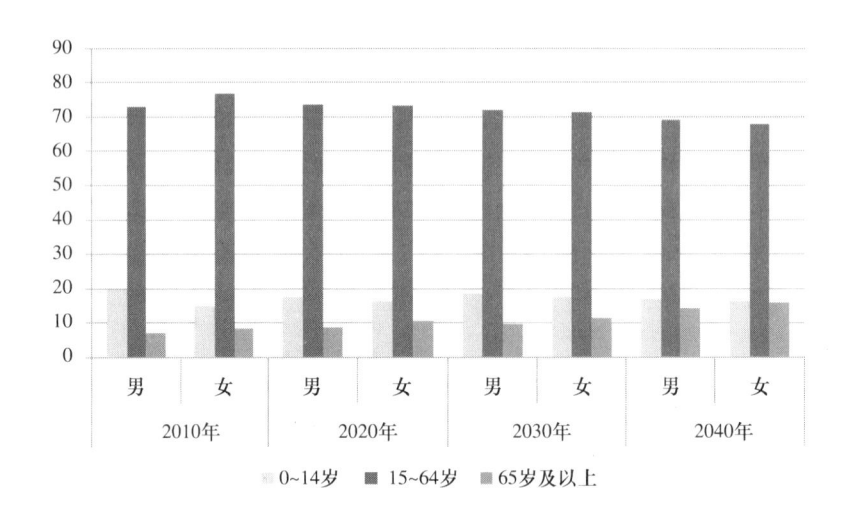

图 4-16　黄石市中生育率方案下人口结构预测

第四节　黄石市劳动力供给与预测

一　劳动力参与率

劳动力参与率是经济活动人口（包括就业人口和失业人口）占劳动力年龄人口的比例。劳动力参与率是用来衡量人们参与经济活动状况的指标，它与一个地区人口年龄结构、经济收入水平、社会保障水平、劳动力市场供求等因素关系密切。从表 4-12 中可以看出，黄石市劳动力参与率呈现"U"形特征。劳动力参与率越高，对经济发展和社会保障基金收入提升有促进作用。反过来，一个地区经济健康持续增长，社会平均工资水平提高，也在一定程度上会提高劳动力参与率。

表 4-12　　　　　　　　黄石市劳动力参与率变化

年份	劳动年龄人口（万人）	经济活动人口（万人）	劳动力参与率（%）
1999	154.7	130.7	84.49
2000	170.5	133.73	78.43
2001	171.3	133.58	77.98
2002	175.5	137.23	78.19

续表

年份	劳动年龄人口（万人）	经济活动人口（万人）	劳动力参与率（%）
2003	183.8	139.49	75.89
2004	188.4	140.67	74.67
2005	193	143.5	74.35
2006	196	144.39	73.67
2007	197	145.29	73.75
2008	203	143.47	70.67
2009	206	144.54	70.17
2010	181	136.81	75.59
2011	181	137.3	75.86

二 失业率

理论上，失业率等于失业人数与经济活动人口的比值。但是失业人数的定义却往往大相径庭，中国统计部门计算城镇失业人数时，将其定义为非农业户口，在一定的劳动年龄内（16周岁至退休年龄），有劳动能力，无业而要求就业，并在当地就业服务机构进行求职登记的人员总和。[①] 根据这种统计定义，将失业但是未登记的人员和农村进城务工但未已实现的人员都排除在外，因此按中国统计部门定义计算出的城镇失业率往往都低于实际失业水平。

黄石市城镇登记失业率呈现倒"U"形特征，这个跟劳动力参与率的变动趋势正好相反，这说明当黄石市经济2004—2009年正处于转型探索期，此阶段经济发展缓慢，导致失业率上升，劳动力参与率下降。随着黄石市经济转型成效开始显现并取得一定成绩以后，就业率有所回升，人们参与经济活动的积极性也有所提高（见表4-13）。

---

① 黄石市统计局：《黄石市统计年鉴》（2012），第128页。

表 4-13　　　　黄石市 2000—2011 年城镇登记失业率

年份	失业人数（万人）	失业率（%）
2000	1.38	3.05
2001	1.35	3.12
2002	1.67	3.54
2003	1.89	3.86
2004	2.37	4.52
2005	3.5	6.42
2006	3.49	6.39
2007	3.29	5.95
2008	3.67	6.55
2009	3.54	5.65
2010	3.35	5.07
2011	3.5	4.98

三　实际劳动力供给

黄石市劳动力就业数量整体变化并不明显，其中城镇从业人数呈下降趋势，农村就业人数呈上升趋势，第二、第三产业就业人数呈上升趋势。这一方面，说明黄石市产业结构主要以第二产业和第三产业为主，第三产业比重逐渐上升，农村大量剩余劳动力转移到城市，并主要在第二产业和第三产业实现就业。另一方面，由于经济发展水平提高和城区老龄化程度上升，双重作用可能导致城镇劳动力资源或参与就业人数有所下降。根据黄石市农村劳动力转移数据，2009年、2011年和2012年，黄石市农村从业人数分别为77.92万人、87.41万人和89.57万人，其中外出就业人员分别为41.79万人、44.8万人和47.96万人，占比分别达到53.63%、51.25%和54%。[①] 这说明黄石市50%左右的农村劳动力并没有转移到黄石市区，而是到黄石市以外的城市就业，农村劳动力转移对提升黄石市劳动力供给能力有限（见表4-14）。

---

① 见 2010—2013 年《黄石市统计年鉴》。

表 4-14　　　　　黄石市 1980—2011 年城乡就业人数　　　　　单位：万人

年份	城乡就业人数	城镇从业人数	农村从业人员数	第一产业就业人数	第二产业就业人数	第三产业从业人员数
1980	93.83	54.84	38.99	49.01	30.66	14.16
1985	100.03	56.85	43.18	46.97	35.16	17.9
1990	110.1	63.37	46.73	43.01	39.66	27.43
1995	122.44	76.47	45.97	40.18	44.16	38.1
1996	123.68	77.74	45.94	39.97	44.56	39.15
1997	126.27	79.44	46.83	39.54	44.86	41.87
1998	127.8	80.08	47.72	39.05	44.90	43.85
1999	129.1	77.3	51.8	38.16	46.14	44.8
2000	132.35	79.8	52.55	37.28	49.87	45.2
2001	132.23	79.38	52.85	35.08	52.60	44.55
2002	132.37	76.79	55.58	34.35	52.72	45.3
2003	132.5	74.96	57.54	33.62	52.84	46.05
2004	132.64	71.62	61.02	32.89	52.96	46.8
2005	132.78	70.74	62.04	32.16	53.08	47.55
2006	132.91	67.54	65.37	31.42	53.19	48.29
2007	133.05	64.2	68.85	30.69	53.31	49.04
2008	133.19	61.68	71.51	29.96	53.43	49.79
2009	133.32	55.4	77.92	29.23	53.55	50.54
2010	133.46	53.24	80.22	28.50	53.67	51.29
2011	133.8	46.39	87.41	28.00	54.00	51.8

在运用 PADIS-INT 人口预测模型对黄石市劳动力供给进行预测时，并没有考虑城镇化变化对劳动力参与率的影响。一般而言，在城镇化提高的过程中，劳动力参与率会有所下降，导致劳动力实际供给下降。2010年，黄石市 15~59 岁人口占总人口比重为 70.5%，而劳动力参与率为 75.59%，实际劳动力供给人数占总人口数的比重约为 53.29%。不考虑延迟退休的作用，在中生育率方案下，2020 年，15~59 岁人口占总人口

比重为69.1%，不考虑不同年龄结构下劳动参与率的影响，假定劳动力参与率保持在75%，则实际劳动力供给人数占总人口数的比重将为51.8%，约为146万人；2030年，15~59岁人口占总人口比重为64.5%，在城镇化影响下劳动力参与率下降到70%，则实际劳动力供给人数占总人口数的比重将为45.15%，约为139.16万人，实际劳动力供给出现下降；到2040年，15~59岁人口占总人口比重为63.8%，假定劳动力参与率下降到65%，则实际劳动力供给人数占总人口数的比重将为41.47%，约为131.19万人，实际劳动力供给持续下降。如果在低生育率方案下，实际劳动力供给下降更快。假定2020年、2030年和2040年黄石市劳动参与率分别75%、70%和65%时，不同方案下实际劳动力供给变化（见图4-17）。实际劳动力供给下降意味着缴纳社会保障费用的人数减少，社会保障基金收入下降，在黄石市未来老龄化程度日益加剧的背景下，这意味着黄石市未来社会保障基金财务可持续性面临极大挑战，未来人口结构变化对社会保障基金长期平衡的影响将在下一章重点分析。

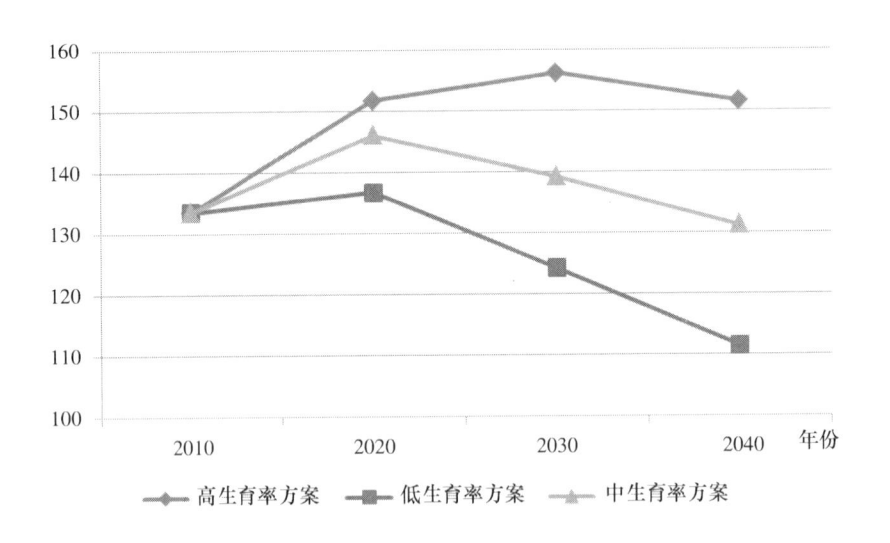

图4-17 黄石市实际劳动力供给变化（万人）

第五章 人口老龄化对资源枯竭城市社会保障制度的影响

黄石市人口结构变化面临人口老龄化加深和老年抚养比上升双重压力，2000年，黄石市65岁及以上人口占比5.4%，2011年，这一比值上升到8.52%，超过联合国老龄化标准1.52个百分比。与此同时，2000年至2011年，黄石市的老年抚养比也从7.45%上升至10.5%。这些变化对资源枯竭城市社会保障制度产生极大冲击，尤其表现在对社会保障基金收支平衡的影响上。老龄人口增加意味着社会保障基金支出份额不断提升，老年抚养比上升意味着领取养老金的人数增加但缴纳养老保险费的群体较少，最终会导致社会保障基金收支不平衡，入不敷出，财务风险扩大化。由于人口老龄化对养老保险制度的影响尤为突出，本节将主要围绕人口老龄化对黄石市养老保险制度的影响来展开分析。中国养老保险制度实行社会统筹与个人账户相结合的筹资模式，人口老龄化会极大冲击统筹账户的收支平衡，如果以前社会保障制度改革遗留下来的转轨成本和个人账户空账运行等问题没有得到及时有效解决，统筹账户的收支不平衡无疑是雪上加霜，使资源枯竭城市养老保险制度无法实现可持续发展。

资源枯竭城市养老保险制度主要包括城镇职工养老保险制度、城镇居民养老保险制度、新型农村养老保险制度以及其他特殊群体养老保险制度。2009年，中华人民共和国国务院颁布《关于开展新型农村社会养老保险试点的指导意见》（国发〔2009〕32号），提出建立个人缴费、集体补助和政府补贴相结合的新型农村养老保险制度，凡年满16周岁（不含在校学生）、未参加城镇职工基本养老保险的农村居民均可以在户籍地自愿参加"新农保"。2011年，中华人民共和国国务院再次颁布《关于开展城镇居民社会养老保险试点的指导意见》（国发〔2011〕18号），年满16周岁（不含在校学生）、不符合职工基本养老保险参保条件的城镇非从业居民均可以在户籍地自愿选择参加城镇居民养老保险。城镇居民养老保险主要由个人缴费和政府补贴构成。目前，新型农村养老保险制度和城镇居民养老保险制度在资源枯竭城市基本上实现了全覆盖。2014年，中华人民共和国国务院颁布《关于建立统一的城乡居民基本养老保险制度的意见》（国发〔2014〕8号），提出将新型农村养老保险和城镇居民养老保险两项制度合并实施，在全国范围内建立统一的城乡居民基本养老保险制度。由于新型农村养老保险和城镇居民养老保险缴费水平和待遇水平均比较低下，而且实施时间较短，因此两种制度的养老保险基金均存在盈余，而两者的问题主要表现为如何实现城乡一体化，以及如何与城镇职工养老保险制度之间实现接续转移。本章的重点将主要分析资源枯竭城市城镇职工基本养老保险制度中社会统筹账户的短期精算平衡与长期精算平衡问题。

第一节　养老保险精算评估模型

一　养老金整体平衡分析框架

（一）年度收入

年度收入包括参保者缴费收入、财政补贴（含中央和地方政府）、其他收入等。

基金缴费收入总额＝在职分年龄职工缴费之和＝缴费率×职工人口数×社会平均工资，具体缴费收入计算公式见式（1）：

$$PI_t = \sum_{x=a}^{r-a-1} L_{t,x} c_{1t} \bar{S}_{t,x} = L_t c_{1t} \bar{S}_{t_0} (1+g)^{t-t_0} \tag{1}$$

基本变量说明：

c_{1t} 表示为 t 年养老金缴费率；

L_t 表示为 t 年缴纳养老保险费的总人口数，即为养老保险参保人员总数；

$\bar{S}_{t_0}$ 表示为基准年 t_0 年社会平均工资额；

g 表示为社会平均工资年均增长率；

r 表示为表示退休年龄；

a 表示为表示参保者初次参加养老保险的年龄。

（二）年度总支出

基金给付总额＝分年龄退休职工给付之和＝给付替代率×退休职工

人口数×退休前一年社会平均工资，具体计算公式见式（2）：

$$BF_t = \sum_{x=r}^{D-1} L_{t,x} c_{2t} \bar{S}_{t-x+r-1,r-1} (1+hg)^{x-r+1} = \sum_{x=r}^{D-1} L_{t,x} c_{2t} \bar{S}_{t_0,r-1} (1+g)^{t-x+r-1-t_0} (1+hg)^{x-r+1} \quad (2)$$

c_{2t} 表示为养老金替代率；

$\bar{S}_{t-x+r-1,r-1}$ 表示为 x 岁退休人员在退休前一年 $t-x+r-1$ 的平均工资；

h 表示为养老金调整率，即养老金以社会平均工资增长率 g 的 h 比例调整；

D 表示为死亡的年龄，即假设退休人员 D 岁死亡。

退休前一年工资总额的计算公式见式（3）：

$$\begin{aligned} L_t S_t &= \sum_{x=0}^{r-1} L_{t,x} \bar{S}_{t,x} = L_{t,0} \bar{S}_{t,0} + L_{t,1} \bar{S}_{t,1} + \cdots + L_{t,r-1} \bar{S}_{t,r-1} \\ &= L_{t,0} \bar{S}_{t,0} + L_{t,1} \bar{S}_{t,0}(1+k) + \cdots + L_{t,r-1} \bar{S}_{t,0}(1+k)r \\ &= \bar{S}_{t,0} \sum_{x=0}^{r-1} L_{t,x}(1+k)^r \end{aligned} \quad (3)$$

k 表示为工龄工资增长率。

（三）基金整体平衡

1. 年度收支平衡

年度收支差额 = 年度收入 – 年度支出

年度平衡值 = 养老保险年收入率 – 养老保险年成本率

养老保险年收入率 = 养老保险年收入额/养老保险当年缴费工资总额

养老保险年成本率 = 养老保险年成本额/养老保险当年缴费工资总额

年度平衡值取正值时，说明该年度收入率高于成本率，年度基金有盈余。年度平衡值若为负值，如果过去积累的基金仍不能弥补当年开支，该年度养老保险的财务将出现赤字。年度收支平衡分析只能说明年度平衡状况，只适合于短期平衡分析，而不能反映在长期内的精算平衡状况。

2. 中长期收支平衡（累计额平衡）

基金余额 = 初始基金 + 本年度基金缴费额 – 本年度基金支出额 = 上年基金累计额（1 + 基金累计利率）+ 本年度基金缴费额 – 本年度基金支出额

$$BA_t = BA_{t-1}(1+i) + PI_t - BF_t$$

BA_t 表示为 t 年养老金累计余额；

PI_t 表示为 t 年养老保险总缴费收入;

BF_t 表示为 t 年养老保险总支出。

中长期养老保险制度基金实现平衡的基本条件是 $BA_t \geq 0$。

中长期精算平衡估计需要根据制度的调整和参保人口以及经济发展的相关数据来评估养老金未来的成本率和收入率的预测数据。具体长期精算平衡关系如图 5-1 所示。

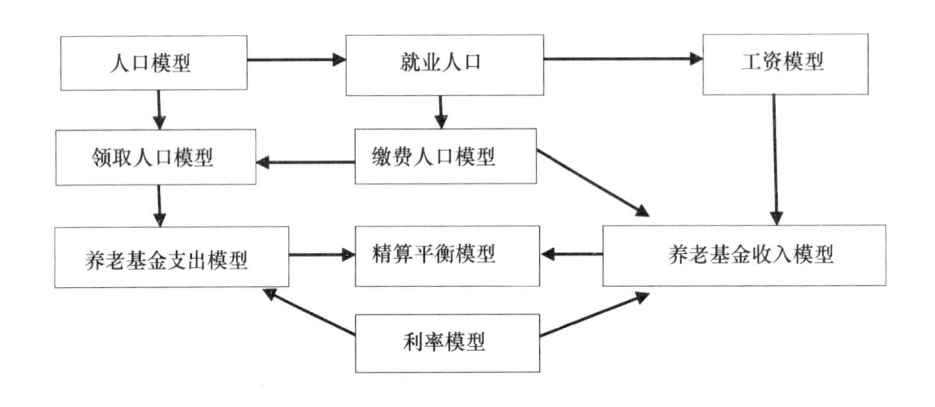

图 5-1 养老保险精算平衡模型

二 统筹账户基金精算评估

1997 年养老保险制度改革，中国正式从现收现付制转向统账结合的养老保险制度，并按照"老人老办法、中人逐步过渡、新人新制度"的方式进行实施新制度模式。以 1997 年为分界点，1997 年以后参加工作的职工为"新人"，1997 年之前参加工作而后退休的职工为"中人"，1997 年（含 1997 年）以前退休的职工为"老人"。国发〔2005〕38 号文件明确指出三类群体养老金的实施办法，即国发〔1997〕26 号文件实施前参加工作，该决定实施后退休且缴费年限累计满 15 年的人员，在发给基础养老金和个人账户养老金的基础上，再发给过渡性养老金。本决定实施前已经离退休的人员，仍按国家原来的规定发给基本养老金，同时执行基本养老金调整办法。

从图 5-2 可以看出，统筹基金支出需要从"老人"、"中人"和"新人"三个方面分别加以阐述。

1. "老人"支出

"老人"养老金支出为各年龄"老人"人数与分年龄"老人"养老

金之积的求和（见图 5-2）。

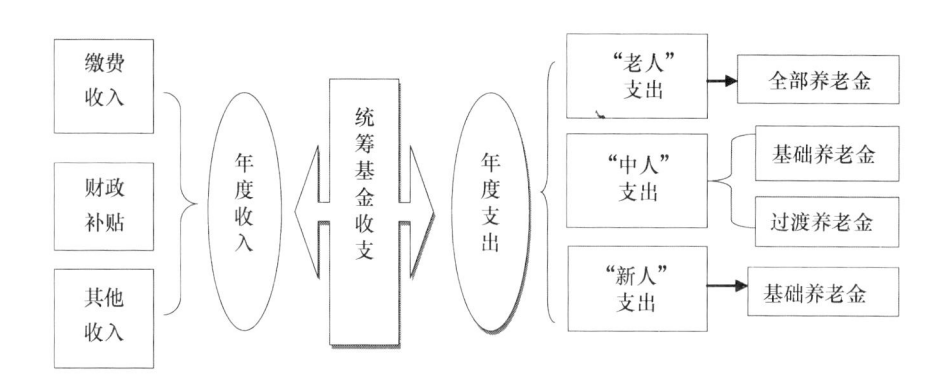

图 5-2 社会统筹账户基金收支平衡

"老人"养老金 $BF_t^{old} = \sum_{x=r+t-t_0}^{D-1} L_{t,x}^{old} B_{t,x}$ （4）

即"老人"养老金支出是分年龄"老人"人数 $L_{t,x}^{old}$ 与分年龄"老人"养老金之积 $B_{t,x}$ 的求和。

不同年份不同年龄退休的退休金 $B_{t,x} = B_{t_0, x-(t-t_0)} \prod_{i=t_0+1}^{t}(1+hg)$

2. "中人"过渡性养老金支出

"中人"的给付包括基础养老金支出、过渡性养老金支出和个人账户养老金支出。

"中人"过渡性养老金支出 $BF_t^{middle} = \sum_{x=r+t-t_0}^{D-1} L_{t,x}^{middle} B_{t,x}^{middle} \frac{s_{t,z}}{\bar{S}_t}$

$L_{t,x}^{middle}$ 表示为 t 年 x 岁"中人"人数；

$\frac{s_{t,z}}{\bar{S}_t}$ 表示为 t 年 z 岁的缴费工资指数。$s_{t,x}$ 为 t 年 x 岁的工资，$\bar{S}_t$ 为 t 年社会平均工资。

$B_{t_0+r-x,r}^{middle} = \bar{S}_{t_0+r-x-1} \cdot k_x \cdot \theta \cdot (x-y)$

$B_{t_0+r-x,r}^{middle}$ 表示为 t 年 x 岁"中人"过渡性养老金。过渡性养老金的测算采取指数化计发方法。

$\bar{S}_{t_0+r-x-1}$ 表示为"中人"退休上一年当地社会平均工资；

x 表示为在改革年份 t_0 年时"中人"的年龄;

y 表示为"中人"初次参加工作的年龄,即加入旧制度的年龄;

$t_0 + r - x$ 表示为"中人"退休时的年份数,即"中人"在 $t_0 + r - x$ 年上达到退休年龄;

$x - y$ 表示为临界点之前本人缴费年数。将职工自参加工作开始的缴费和视为缴费年限;

$t_0 - (x - y)$ 表示为"中人"初次参加工作的年份数,即在 $t_0 - (x - y)$ 年加入旧制度;

θ 表示为过渡性养老金公式中的计发系数。在中国现行制度规定,计发系数一般为 1.0% ~ 1.4%。

不同省份实行养老保险改革的时间不同,在过渡养老金的具体计发方式上也各不相同。

3. "中人"和"新人"基础养老金支出

2005 年 12 月,中华人民共和国国务院颁布《国务院关于完善企业职工基本养老保险制度的决定》(国发〔2005〕38 号)规定:实施后参加工作、缴费年限(含视同缴费年限,下同)累计满 15 年的人员,退休后按月发给基本养老金。基本养老金由基础养老金和个人账户养老金组成。退休时的基础养老金月标准以当地上年度在岗职工月平均工资和本人指数化月平均缴费工资的平均值为基数,缴费每满 1 年发给 1%。个人账户养老金月标准为个人账户储存额除以计发月数,计发月数根据职工退休时城镇人口平均预期寿命、本人退休年龄、利息等因素确定。本决定实施后到达退休年龄但缴费年限累计不满 15 年的人员,不发给基础养老金;个人账户储存额一次性支付给本人,终止基本养老保险关系。

$$基础养老金\ BP = \begin{cases} \dfrac{1\% \cdot n \cdot \bar{S}_{t+n-1}\left(1 + \sum\limits_{n=0}^{n-1} \dfrac{s_{t,x}}{\bar{s}_t}/n\right)}{2}, & n \geq 15 \\ 0, & n < 15 \end{cases}$$

第二节 黄石市城镇职工基本养老保险基金精算评估

根据《湖北省人民政府关于完善企业职工基本养老保险制度的意见》

（鄂政发〔2006〕42号）文件精神，1996年1月1日以后参加工作，缴费年限累计满15年的人员，退休退职后按月发给基本养老金，基本养老金包含基础养老金和个人账户养老金；2005年12月31日前已经退休的人员，仍按原办法计发基本养老金，并执行基本养老金调整办法；1995年12月31日以前参加工作，2006年1月1日以后退休退职，缴费年限累计满15年的人员在发给基本养老金的基础上，再发给过渡性养老金和调节金。本节将重点分析黄石市统筹账户中基础养老金的短期与长期精算平衡，对于养老保险的历史债务仅作简单提及。

一　历史债务

中国养老保险的历史债务是通过"老人"养老金和"中人"过渡性养老金逐步偿还的，也就是说，每年需要支付的"老人"养老金和"中人"过渡性养老金正是养老保险当年的到期债务。[①] 湖北省过渡性养老金的计算公式为：

过渡性养老金＝本人退休时在市州上年度在岗职工月平均工资×本人退休前历年平均缴费工资指数×视同缴费年限×1.2%

调节金标准为：2006年退休人员为100元/月，2007—2015年退休人员逐年降低10元，2016年1月1日退休人员不再发给调节金。2006—2010年期间退休、退职人员养老金待遇水平，实行新计发办法与原计发办法对比。新办法计发的待遇低于原办法的，按原办法计发的待遇标准予以补齐。新办法计发的待遇高于原办法计发的待遇，在原办法计发的待遇标准基础上，再按一定比例发给高出的差额部分。2006年度退休、退职人员发给差额部分的30%；2007年度退休、退职人员发给差额部分的50%；2008年度退休、退职人员发给差额部分的70%；2009年度退休、退职人员发给差额部分的80%；2010年度退休、退职人员发给差额部分的90%。2011年1月1日以后的退休、退职人员待遇计发不再实行新计发办法与原计发办法对比。

中国一般实行男性60岁、女性55岁的退休标准，湖北省养老保险制度改革中将1996年以前退休的群体划分为"老人"，因此，截至2010

[①] 王晓军：《对中国不同地区养老保险基金的短期精算分析》，《人口与经济》2006年第3期，第70页。

年 12 月 31 日，"老人"群体中男性年龄一般不小于 75 岁，而女性一般不小于 70 岁。根据黄石市第六次人口普查数据，黄石市 75 岁及以上老年人有 62905 人，其中男性有 27309 人，女性有 35596 人。从 1978—1996 年，黄石市城镇单位从业人员从 25.5 万人增加到 39.7 万人，占总人口的比例从 15.3% 升至 16.7%。考虑到城镇职工占比、死亡率、迁移率等因素的影响，城镇职工中"老人"群体的数量将大幅度下降，粗略估计将不超过 8000 人。伴随着人数的不断下降，"老人"群体养老金所形成的历史债务也会逐渐减少以至为零，因此这部分历史债务对未来养老保险基金缺口的影响微乎其微。调节金分别于 2016 年和 2011 年以后不再计发，这里也不再做具体估算，而重点只估算过渡性养老金。根据湖北省过渡性养老金计发办法，结合黄石市退休人数、在岗职工月平均工资等指标数据推算 1996—2010 年黄石市过渡性养老金。个人平均缴费工资指数一般处于 60% 到 300%，为了便于计算，这里将所有退休人员的平均缴费工资指数设定为 100%。中国城镇职工养老保险制度改革从 1984 年开始，因此实际缴费年限统一以 1984 年为起点计算，平均缴费年限以 20 年为上限。不考虑退休人员因死亡导致退休人数的变化。具体数据指标（见表 5-1）。

表 5-1　　　　1996—2010 年黄石市城镇职工过渡性养老金

年份	退休人数（万人）	在岗职工月平均工资（元）	缴费年限（年）	过渡性养老金（元）
1995	5.9	371	—	—
1996	6.8	373	12	480816
1997	7.6	403	13	946320
1998	8.2	426	14	1352544
1999	8.7	454	15	1735944
2000	9.4	469	16	2346120
2001	10.8	664	17	3685584
2002	11.8	605	18	5119824
2003	12.5	740	19	6085404
2004	10.4	841	20	6973404
2005	11.3	936	20	8789964
2006	12	1063	20	10362444

续表

年份	退休人数（万人）	在岗职工月平均工资（元）	缴费年限（元）	过渡性养老金（元）
2007	13	1201	20	12913644
2008	13.4	1438	20	14066604
2009	14.3	1650	20	17172684
2010	15.4	1949	20	21528684

资料来源：《黄石市统计年鉴》。

以2009年为例，黄石市2009年城镇职工离退休人员为14.3万人，发放基本养老金17.4亿元，人均养老金1046元，其中人均过渡性养老金为174元。从上表可以看出，随着"中人"退休人数的逐年增加，过渡性养老金的支出额度也大幅提升。但是这种支出会呈现倒"U"形的发展趋势，在2025年以前达到峰值，2045年左右彻底消除历史债务问题。

二 基础养老金的短期平衡测算

对黄石市养老保险基金进行精算分析，需要人口总数、参保人数、工资水平、死亡率、养老保险待遇水平等数据，同时还需要对未来利率、工资增长率和养老金指数化调整系数等做出合理假设。这里不再考虑"老人"和"中人"的历史债务问题，只考虑"中人"和"新人"的基础养老金短期平衡状况。假设男性退休年龄60岁，女性退休年龄为55岁，这里选定2010年为测算时点。本书将借用第四章中测算的2020年黄石市人口年龄结构数据，以中生育率方案预测结果为基础来测算黄石市2020年城镇职工基本养老保险制度的参保情况。基础养老金计算公式为本人退休时所在市州上年度在岗职工月平均工资与本人指数化月平均缴费工资的均值与缴费年限的乘积，并在此基础上乘以1%。其中，指数化月平均缴费工资为参保人员退休时所在市州上年度在岗职工月平均工资与本人平均缴费指数的乘积。平均缴费指数为本人历年缴费年限（含视同缴费年限）指数的算术平均值。2006年1月1日之后的实际缴费年限指数按本人当年缴费基数与所在市州上年度在岗职工平均工资的比值计算。

（一）参保人数测算

根据中生育率方案预测结果，2020年黄石市总人口数达到281.5万人，其中15~59岁人口占总人口比重为69.1%①，因此，黄石市劳动力年龄人口数约为194.52万人。不同年龄的劳动力参与率也不同，一般情况下29~45岁，对于分年龄与分性别的劳动力参与率设定，本文借鉴马忠东（2010）的结论，假定劳动力仍然实行60岁退休年龄（见表5-2）。

表5-2　　　　　　2020年分年龄分性别的劳动力参与率②　　　　　单位：%

年龄	男	女
15~19	20.0	20.0
20~24	75.0	70.0
25~29	96.4	82.0
30~34	96.9	84.1
35~39	96.7	85.7
40~44	95.8	84.6
45~49	93.8	76.4
50~54	88.6	63.9
55~59	75.6	—

在不同年龄劳动力参与率设定下，2020年黄石市15~59岁中男性劳动力供给人数为88.34万人，女性劳动力供给人数为61.89万人，假设城镇登记失业率为4%，则2020年黄石市实际有效劳动力供给人数为144.22万人。2020年，黄石市60岁及以上男性人口数为18.88万人，60岁及以上女性人口数为19.4万人，假定这部分退休群体中男性和女性的劳动力参与率分别为75%和70%，城镇登记失业率仍然为4%，则退休群体中实际劳动力供给人数共为26.6万人。中国社会保障基金财务风险中，城镇职工基本养老保险制度基金收支平衡潜在的风险最大，将来出现支付缺口的可能性最大，因此本章重点考察黄石市城镇职工基本养老保险制度的基金平衡问题。城镇职工基本养老保险制度的参保人数和退休人数

---

① 这里不考虑60岁以上群体作为劳动力的情况。这类群体绝大部分属于返聘或者退休再就业，他们即使就业一般也不再缴纳社会保障费，并且需要领取养老金，对养老保险制度来讲，这类群体会加大养老保险基金的支出。

② 马忠东、吕智浩、叶孔嘉：《劳动参与率与劳动力增长：1982~2050年》，《中国人口科学》2010年第1期，第23页。

测算还需要考虑到城镇就业人数、制度覆盖率、劳动力迁移等因素的影响。2012 年,黄石市城镇化率为 60.1%,全社会从业人员数为 135.6 万人,其中城镇就业人员数为 81.5 万人,农村外出就业人员为 47.96 万人,湖北省外打工 30.1 万人。由于目前黄石市农村就业人员(不分本地和外地)在城镇就业一般并不纳入城镇职工基本养老保险制度,假定 2020 年这一制度并没有发生变化,因此假定黄石市 2020 年城镇化率达到 70%①,这意味着 2020 年黄石市城镇就业人数为 100.95 万人。2012 年,黄石市参加城镇职工基本养老保险人数为 56.24 万人,占城镇就业人员总数的 69%,2010 年这一比例为 64%。以此推算,假定 2020 年这一比例达到 75%,因此 2020 年黄石市城镇基本养老保险参保人数为 75.72 万人。退休人数为 19.95 万人,因此制度内抚养比为 26.3%,与 2010 年相比,出现了一定程度下降,这主要是基本养老保险制度覆盖面扩大和城镇化推动下更多劳动力流入市场的结果,对黄石市短期基金平衡起到积极影响(见表 5-3)。

表 5-3 黄石市缴费人数、退休人数和制度内抚养比

年份	缴费人数(万人)	退休人数(万人)	抚养比(%)
2000	24	9.82	40.9
2005	38.74	11.25	29
2010	51.2	15.4	30.1
2020	75.72	28.65	37.8

(二) 短期平衡测算

基本养老保险制度的缴费基数一般为在岗职工平均工资的 60% 到 300%,2013 年黄石市城镇基本养老保险最低缴费基数为 1505 元,最高缴费基数为 7521 元,平均比上一年提高了 11.5%。根据表 5-4 所示,设黄石市在岗职工平均工资调整系数为 6%,则到 2020 年黄石市在岗职工月平均工资将达到 3762 元。假定养老保险总缴费率为 20%,其中单位缴费 12%,计入社会统筹;个人缴费 8% 计入个人账户。结合黄石市缴费人

---

① 黄石市在"十二五"规划中将城镇化的目标设定为 65%,因此本章将 2020 年的目标设定为 70%。

数和退休人数的测算结果,黄石市2020年基本养老基金收入将达到68.34亿元,其中27.34亿元计入个人账户,41亿元计入社会统筹。养老金替代率参照中国城镇职工平均替代率变化规律(见表5-5),一般而言,退休年龄增加导致缴费年限延长,可以提高养老金替代率。同时劳动力工资水平占平均工资水平的比重也对养老金替代率产生影响,工资比重越高,养老金替代率相对越低。较低的工资水平提高对预期养老基金的影响较大。若2020年黄石市养老金替代率为40%,养老金调整系数也为4.8%,则当年基本养老金社会统筹部分支出将达到47.92亿元,这意味着社会统筹部分收不抵支,年度资金缺口为6.92亿元。

表5-4　　　　　　黄石市历年城镇职工月平均工资

年份	在岗职工平均(元)
1995	371
1996	373
1997	403
1998	426
1999	454
2000	469
2001	664
2002	605
2003	740
2004	841
2005	936
2006	1063
2007	1201
2008	1438
2009	1650
2010	1949
2011	2142
2012	2248
2013	2508

表 5-5　　　　　　中国退休职工基金养老金的平均替代率[①]

年份	平均替代率（%）
1993	77.4
1994	70.1
1995	77.5
1996	75.6
1997	76.3
1998	74.1
1999	77.3
2000	71.2
2001	67.5
2002	63.4
2003	57.6
2004	53.3
2005	50.4
2006	50.3
2007	48.3
2008	47.7
2009	46.8
2010	45.1

三　基础养老金的长期平衡测算

养老保险制度的长期精算估计建立在对未来一定时期内财务收支预测的基础上，根据制度规定的覆盖范围、缴费率、给付方式、给付水平等，在科学合理的精算假设下，估计出未来若干年养老保险的年度收支和长期精算平衡状态。当前，中国养老保险收入来源于个人和单位的缴费以及缴费累积基金的利息，在规定的缴费率下，根据一定的养老保险覆盖率和职工人数可以估计出养老保险的年收入。[②] 人口老龄化影响的测算需要在职

[①] 阳义南：《中国城镇企业职工基本养老金替代率的实证研究》，《调研世界》2011 年第 12 期，第 50 页。

[②] 王晓军：《对城镇职工养老保险制度长期精算平衡状况的分析》，《人口与经济》2001 年第 10 期，第 38 页。

参保人数、退休人数、老年人口抚养比、养老保险覆盖率、平均工资、平均养老金、缴费率、利率等一系列参数。这里先对这些参数进行设定。

(一) 参数设定

1. 劳动年龄人数和退休年龄以上人数

以黄石市第六次人口普查数据为基础数据,以中生育率方案为参数设定基准,在经济发展和城镇化推进下,劳动力受教育的程度会逐年提高,而一般接受完大专教育或本科教育的劳动者年龄一般均在18~22岁,因此这里将20~59岁人口设为劳动年龄人口,仍假设60岁为退休年龄,60岁及以上人口则为退休年龄人口,预测结果如表5-6所示。

表5-6 2010—2040年劳动年龄人口和退休年龄人口的变化趋势

年份	劳动年龄人数(万人)	退休年龄人数(万人)	老年抚养比(%)
2010	147.3	29.8	20.23
2015	159.2	37.2	23.39
2020	168.9	43.1	25.5
2025	171.5	50.25	29.3
2030	172.6	55.48	32.14
2035	175.9	67.16	38.18
2040	170.9	72.77	42.59

注:这里的老年抚养比为劳动年龄人口数与退休年龄人口数之比。

2. 养老保险综合覆盖率、缴费率、养老金目标替代率和养老金指数化水平

养老保险综合覆盖率关系到养老保险覆盖率、劳动力参与率和城镇化率三个变量。养老保险覆盖率是指劳动年龄人口中参保人数占就业人口数的比例。目前,城镇就业人数中参加养老保险的比例逐年上升,基本达到95%。这里还涉及就业人口数占劳动年龄人口数的比值即劳动力参与率,2010年黄石市劳动力参与率为75.59%,如果剔除16~19岁人口,则黄石市劳动力参与率达到80%。假定2010—2040年黄石市劳动力参与率均为80%,城镇化率则从2010年的60%逐渐上升到2040年的75%。

中国城镇企业职工基本养老保险制度的缴费率为20%,假定这一比例在2040年以前均不会发生改变。按照《关于完善企业职工基本养老保

险制度的决定》规定，缴费年限累计满 15 年发给基础养老金，退休时的基础养老金月标准以当地上一年度在岗职工月平均工资和本人指数化月平均缴费工资的平均值为基数，缴费每满 1 年发给 1%。这样每年退休的职工其养老金目标替代率因其工作时缴费时间的不同而出现差异。因此，假定劳动力 20 岁开始工作到 60 岁退休一直缴费，则其基础养老金目标替代率将达到 40%，考虑到参加工作的年龄可能高于 20 岁，中途加入制度和由于失业而缴费中断等因素的存在，参考刘昌平（2008）的研究，将制度的目标替代率设定为 35%。[①] 根据 2000 年以来实际平均工资增长率和实际平均养老金水平增长率计算，平均养老金水平增长率约为工资增长率的 65%，这里取养老金指数化水平为 70%。

3. 平均工资增长率和利率

大多数学者进行养老金测算时常用的利率水平假定为 3%，本书也采用这一参数假设水平，平均工资增长率 2025 年以前设定为 5%，2025 年以后为 3%。

（二）预测结果

根据参数设定条件，将人口预测数据代入城镇职工基本养老金精算平衡模型中，对黄石市养老金收支平衡状况进行预测，得到各年基金收入、支出以及各年基金累计额，结果如图 5-3 所示。根据测算结果，黄石市城镇职工社会统筹部分养老金缺口逐年上升，尤其在 2030 年以后，基金缺口的增长速度加快，到 2040 年，黄石市养老保险基金的缺口将达到 22.1 亿元。

长期资金平衡测算中对相关参数进行了设定，如果调整参数设定，结果可能会有所改变。如果黄石市城镇职工基本养老金的社会统筹部分缴费率提高到 19.8%，养老保险基金将在 2040 年以前达到平衡。当然，在测算过程中，为了便于计算，将男性劳动力和女性劳动力的退休年龄统一设定为 60 岁，但是由于提前退休的影响，部分现有退休职工并未达到退休年龄，而且部分劳动力的参保年限有可能也没有达到 40 年，这些对测算有一定的影响。但是本章平衡测算的结果有助于评估测算期内人口老龄化对黄石市城镇职工基本养老保险的影响的判断。

---

① 刘昌平：《可持续发展的中国城镇基本养老保险制度研究》，中国社会科学出版社 2008 年版。

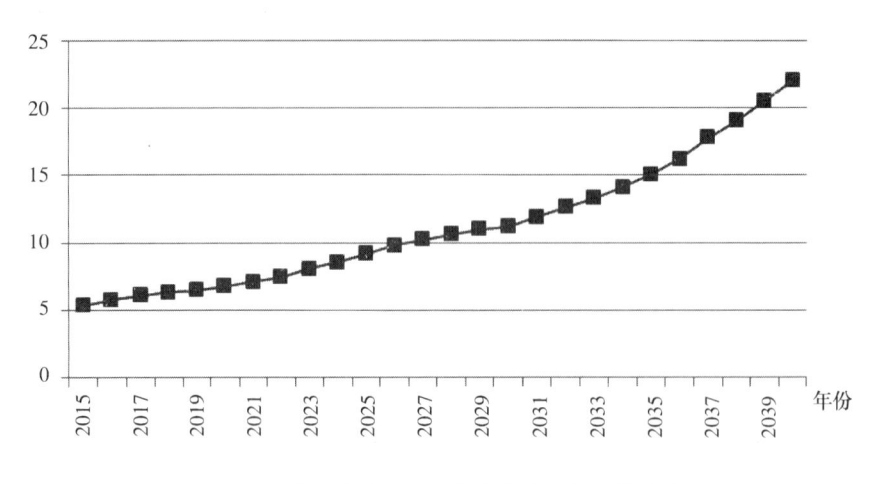

图 5-3 黄石市城镇职工基本养老金缺口的变化

第三节 资源枯竭城市社会保障制度应对人口老龄化的措施

与经济发达城市相比，人口老龄化对资源枯竭城市社会经济发展的冲击更加明显，挑战更大。受经济发展的吸引力和推动力的制约，资源枯竭城市大多呈青壮年劳动力净流出态势，这无疑更进一步加剧了人口老龄化趋势，降低了社会保障基金抵抗风险的能力。为了应对这些不确定性可能带来的风险，资源枯竭城市可以从以下几个方面布局，以此削弱人口老龄化的不利影响。

一 扩大养老保险综合覆盖率

目前城镇职工基本养老保险的直接覆盖率基本达到 95%，如果要提高养老保险综合覆盖率，可以从劳动力参与率和城镇化率入手。劳动力参与率与劳动力受教育程度、收入水平、产业结构等因素密切，可以尝试通过提高受教育程度和提高劳动力收入水平来提高劳动力参与率。从产业结构的角度，资源枯竭城市经济转型时提高第三产业的比例，这既符合经济发展规律，也可以刺激大量劳动力需求，带动了资源枯竭城市总体劳动力参与率的上升。加快资源枯竭城市经济转型，梳理城乡二元化的制度障碍，提高资源枯竭城市城镇化率，这也可以提高城镇就业人口数量，扩大城镇职工养老保险参保群体，增加养老保险基金收入。

二 多元化模式创新

效率优先，兼顾公平是社会基本养老保险的准则。基本养老保险的初衷是满足老年人口的基本需求，即生存需要和有限的发展需要。除了基本养老保险之外，如果要提高养老金水平，可以以其他商业保险形式加以补充。多元化的养老保险模式是当前养老保险发展的趋势，西方发达国家和亚洲发达地区都在人口老龄化的压力下存在政府和民间等多种养老保险形式。资源枯竭城市伴随着人口老龄化进程加快，应该多元化养老保险制度，用其他类型养老保险制度来补充基本养老保险制度的不足。一是完善补充养老保险制度，如鼓励企业或单位建立企业年金、职业年金等；二是加快商业性养老保险制度的发展，让更多人实现社会保险和商业保险的双重结合。从效率优先的角度，如何把握社会基本养老保险水平的"度"是关键。社会养老保险水平并非越高越好，否则，既会加重从业劳动者的负担，又可能滋长劳动者对社会的依赖性，经济效率就相应降低。因此，基本养老保险金的替代率要适度，不能为了提高养老金水平而一味地提高养老金替代率。

三 发展"社区服务"，优化养老保障的社会环境

老年人的需求会随着科学技术和社会生产力的发展而不断扩大，诸如老年生活料理、饮食卫生、医疗保健、心理咨询、文化教育、体育娱乐等。随着家庭类型趋向于小型化，与子女分居的家庭越来越多，单靠老年人自身，已经很难满足其愈益增加的物质生活和精神生活需要。2011年，黄石市对全市城区120个社区的老年基础设施进行全面摸底，并制定相应规划，这说明黄石市已经认识到人口老龄化对经济社会的影响，其中黄石市铁山区属于老年人口居住比较集中的城镇区域，目前的社会保险制度和养老服务模式无法满足老年人的需求。在联合国的积极倡导下，"社区"和"社区服务"的概念已被越来越多的国家所接受，而老年服务社区化已成为老年保障和养老保险社会化的新趋势。因此，资源枯竭城市在人口老龄化加速发展以前，对于老年人口进行合理的社区布局，成立各类商业性、义务性或自助性老年服务组织，并完善、补充及新建相应的老年服务设施，并将这些纳入打破政府的社会经济发展规划中。

第六章　人口流动与资源枯竭城市社会保障制度改革

第一节　人口流动的基本特征

人口流动指离开户籍所在地的县、市或市辖区，因工作、学习、生活等需要到异地居住的人口移动现象。一般由于计划体制下户籍制度的作用，传统意义上的中国人口迁移是指户籍登记地的永久性改变。而事实上，存在大量非户籍登记地或居住地非永久性的改变，这种情况常常被称为人口流动（Floating）。① 在人口统计中，将人口户籍登记地与现居住地不一致且离开户籍登记地半年以上的现象统称为"人户分离"。"人户分离"按分离的空间是否跨越省级辖区可分省际人户分离和省（市）内部跨区（县）、街道、乡（镇）的人户分离。其中，前者称为省际流动人口，是跨越省界的长距离流动，后者称为省（市）内的流动人口。② 根据2011年《中国人口年鉴》，2005年中国流动人口（居住地和户口登记地所在乡镇街道不一致，且离开户口登记地半年以上的人口）规模为1.47亿，占全国总人口的11.3%；2010年中国流动人口规模达2.21亿人，占全国总人口的19.5%，五年间流动人口增加了0.74亿人，平均每年增加1480万人。中国流动人口以年轻劳动力为主，流动人口的年龄中位数从1982年的23岁上升到2010年的29岁（流动人口中有一半人在29岁以上）。③ 全国流动人口动态监测数据显示，2012年流动人口的平均年龄约

---

① 佟新：《人口社会学》，北京大学出版社2010年版，第123页。
② 田成诗、曾宪宝：《基于"六普"数据的中国省际人口流动规律分析》，《西北人口》2013年第1期。
③ 郑真真、杨舸：《中国人口流动现状及未来趋势》，《人民论坛》2013年第4期。

为28岁,超过一半的劳动年龄流动人口出生于1980年以后(见图6-1)。①

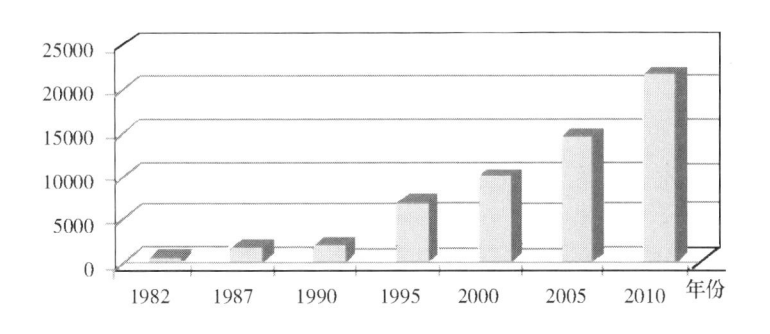

图6-1 1985—2010年人口流动规模(万人)

一 农村向城市转移

人口从农村向城市转移是中国人口流动最初表现形式,也是人口规模最大的一种流动形式。1980—1994年,中国劳动力配置方式是"双轨二元配置",即从传统劳动力行政配置体制向市场配置体制转变中的劳动力配置体制。② 在劳动力配置方式双轨制下,劳动力市场被一分为二,一部分仍然由国家行政控制,另一部分可以自由流动、自由选择,受市场供求调节和分配。在市场经济发展和工业化进程的作用下,中国开始出现大规模的农村剩余劳动力向城市转移。传统的发展经济学理论认为,农村剩余劳动力向城市转移是任何国家在工业化进程中的必经阶段,农民从农村向城市地区的迁移是农村对农业劳动力的外推力和非农产业和城市对农业劳动力的内拉力的理性选择的一种经济反映。农村对农业劳动力的外推力主要表现在农村收入水平低下、重工轻农政策等;非农产业和城市对农业劳动力的内拉力主要表现为城乡收入差距拉大、城市发展机会等。根据1999年和2011年《中国人口年鉴》,2000年非户籍流动的比重为65.1%,其中有49.1%是农村到城市的流动。在2010年全部暂住人口中,来自农村的为8381万人,占暂住人口总数的63.8%。

---

① 中华人民共和国国家卫生和计划生育委员会流动人口司:《中国流动人口发展报告》(2013),中国人口出版社。

② 杨先明、徐亚非等:《劳动力市场运行研究》,商务印书馆1999年版,第270—362页。

二 欠发达地区向发达地区转移

人口从乡村向城市流动表示人口流出地是农村，人口流入地是城市，强调流动的范围局限于某个省的范围内，它是人口流动的初始形态。而人口跨地区流动是在这种初始形态基础上发展起来的一种较高级形态（高级形态是劳动力的跨国流动）。从流向来看，劳动力跨地区流动过程中流出地是经济发展较落后的中西部地区（包括农村和城市），流入地是经济快速发展的东部沿海地区（包括农村和城市）；从流动对象或主体来看，劳动力跨地区流动既包括农民工的跨区域流动，也包括城市中失业者和追求高收入者的跨区域流动。[①] 根据2011年《中国人口年鉴》，2010年全国迁移总人口为3280万人，总迁移率为24.49%。其中，省内迁移人口为2354万人，占全国迁移人口总量的71.76%；省际迁移人口926万人，占28.24%。2010年全部暂住人口中，跨省（区、市）流动的为8510.4万人，占暂住人口总数的64.78%。跨省（区、市）流动的暂住人口数量居前5位的为广东、浙江、江苏、上海和北京，分别达到2020.6万人、1618.4万人、943.4万人、867.6万人和780万人。其中广东省占全国跨省（区、市）流动的暂住人口总量的23.74%。

第二节 黄石市人口流动的基本情况

一 黄石市作为人口输入地的人口流动情况

黄石市第六次人口普查调查显示，2010年居住在黄石市但户籍在其他地区（含市辖区人户分离）的流动人口为377015人，其中男性为191517人，占总人口的比值为50.8%；女性为185498人，占总人口的比值为49.2%。在迁入黄石市的流动人口中，15～19岁和20～24岁年龄段人口数量最多，分别占总人口的14.25%和14.05%；然后是25～29岁和35～39岁年龄段人口，分别占总人口的9.04%和10.03%；15～44岁人口占总人口比重达到72.78%，这说明黄石市流动人口的年龄结构相对比较年轻，这可以使黄石市老龄人口比例有所下降（见表6-1）。

---

① 肖六亿：《劳动力流动的原驱力：技术进步》，四川大学出版社2008年版，第69页。

表6-1　　　　　　2010年黄石市外来迁入人口的年龄结构

年龄	男性		女性		合计	
	人数（人）	比例（%）	人数（人）	比例（%）	人数（人）	比例（%）
0~4岁	7468	3.90	5208	2.81	12676	3.36
6~9岁	9666	5.05	6530	3.52	16196	4.30
10~14岁	10389	5.42	6821	3.68	17210	4.56
15~19岁	28595	14.93	25115	13.54	53710	14.25
20~24岁	22706	11.86	30257	16.31	52963	14.05
25~29岁	13452	7.02	20645	11.13	34097	9.04
30~34岁	15102	7.89	17423	9.39	32525	8.63
35~39岁	19540	10.20	18277	9.85	37817	10.03
40~44岁	19521	10.19	16998	9.16	36519	9.69
45~49岁	14928	7.79	11842	6.38	26770	7.10
50~54岁	8143	4.25	6724	3.62	14867	3.94
55~59岁	7973	4.16	6842	3.69	14815	3.93
60~64岁	5969	3.12	4857	2.62	10826	2.87
65岁及以上	8065	4.21	7959	4.29	16024	4.25
合计	191517	100	185498	100	377015	3.36

在流动人口中，省内迁移人口数量为345223人，占迁移总人口的比值为92%，其中市辖区人户分离人口为66725人，占省内迁移人口的19%；省外迁移人口数量为31792人，占总人口比值为8%。这说明黄石市流动人口绝大多数都是来自湖北省内其他城市的劳动力，占总迁移人口的74.52%。迁移到黄石市的流动人口受教育程度普遍偏低，湖北省内迁移人口中受教育程度为高中及以下的人口占比达到85.44%，市辖区人户分离中未上过学的人口占比为50.19%，湖北省外迁移人口中受教育程度为高中及以下的人口占比83.3%。这说明以黄石市为输入地的流动人口大部分为农村剩余劳动力，这部分群体一般受教育程度较低。流动人口的迁移原因也较为集中，湖北省外流动人口首先是因为务工经商，人数为13536人，占比达到42.58%；其次是因为学习培训，占比20.35%；再次是婚姻嫁娶，占

比13.92%。务工经商也是省内流动人口的首要迁移原因,人数为81439人,占比23.59%,再要迁移原因是随迁家属,占比20.35%。拆迁搬家也是省内迁移的一大主要原因,占比14.94%。这些原因说明,湖北省内流动人口在迁移过程中往往是举家搬迁,在这种流动模式下,流动人口更易于或倾向于将户籍迁入,从流动人口转变为迁移人口,成为黄石市的常住人口,增加黄石市的劳动力资源(详见表6-2和表6-3)。

表6-2　　　　　2010年黄石市迁移人口的受教育程度构成

受教育程度	省内			其中：市辖区人户分离			省外		
	男(人)	女(人)	合计占比(%)	男(人)	女(人)	合计占比(%)	男(人)	女(人)	合计占比(%)
未上过学	1804	7867	2.93	32163	34562	50.19	148	289	1.43
小学	24148	27644	15.67	279	1363	1.24	2316	1960	14
初中	59082	66063	37.87	3977	4399	6.30	6765	5763	41.01
高中	53822	41907	28.97	7536	9017	12.45	4679	3527	26.86
大学专科	16137	12074	8.54	11090	11519	17.01	1395	770	7.09
大学本科	9666	9349	5.75	5473	5011	7.89	1461	1362	9.24
研究生	541	313	0.26	329	168	4.94	73	44	0.38
合计	165200	165217	100	32163	34562	100	16839	13715	100

表6-3　　　　　2010年黄石市外来迁入人口的迁移原因

迁移原因	省内迁移				省外迁移			
	男(人)	女(人)	合计人数(人)	合计比例(%)	男(人)	女(人)	合计人数(人)	合计比例(%)
务工经商	47609	33830	81439	23.59	9914	3622	13536	42.58
工作调动	8995	4027	13022	3.77	1085	317	1402	4.41
学习培训	26469	21471	47940	13.89	3364	3105	6469	20.35
随迁家属	31710	38527	70237	20.35	1413	1695	3108	9.78
投亲靠友	6588	7445	14033	4.06	441	505	946	2.98
拆迁搬家	28966	22612	51578	14.94	340	270	610	1.92
寄挂户口	2507	1794	4301	1.25	54	46	100	0.31

续表

迁移原因	省内迁移				省外迁移			
	男（人）	女（人）	合计		男（人）	女（人）	合计	
			人数（人）	比例（%）			人数（人）	比例（%）
婚姻嫁娶	1935	23987	25922	7.51	282	4145	4427	13.92
其他	19207	17544	36751	10.65	638	556	1194	3.76
合计	173986	171237	345223	100	17531	14261	31792	100

二 黄石市作为人口输出地的人口流动情况

根据表6-4所示，2010年，黄石市外出半年以上人口数为602960人，占总人口的比值达到22.5%。其中男性人口为325881人，占总人口数的23.2%，女性人口为277079人，占总人口数的21.72%。在外出人口的区域分布中，阳新县外出人口占总人口的比重最大，为24.89%；铁山区外出人口占总人口的比重最小，为15.2%。这主要由于阳新县是中国的贫困县，每年都有大量农村劳动力外出务工，而铁山区人口老龄化程度较高，因此外出务工人口数量相对较少。但整体而言，黄石市外出半年以上人口数量远远超过外地迁入人口数量，流出人口是流入人口（不包含市辖区人户分离人口）的1.75倍，形势不容乐观。

表6-4　　　　黄石市第六次人口普查外出半年以上人口情况

地区	外出半年以上人口（人）			外出半年以上人口占总人口比重（%）		
	男	女	合计	男	女	合计
黄石港区	23916	22593	46509	23.2	21.72	22.5
西塞山区	25670	23724	49394	22.39	21.86	22.13
下陆区	19137	14353	33490	23.74	20.18	22.07
铁山区	4620	3846	8466	15.95	14.39	15.2
阳新县	148874	119558	268432	26.19	23.43	24.89
大冶市	103664	93005	196669	20.32	20.34	20.33
合计	325881	277079	602960	23.2	21.72	22.5

2009年、2011年和2012年，黄石市农村从业人数分别为77.92万人、87.41万人和89.57万人，其中外出就业人员分别为41.79万人、44.8万人和47.96万人，占比分别达到53.63%、51.25%和54%。这说明黄石市农村剩余劳动力大部分都转移到黄石市以外的其他城市。黄石市农村外出劳动力年龄在21—49岁占总外出人口的比重超过70%，外出时间超过半年以上的劳动力占总外出人口的比重均达到75%或以上，外出地点在省外的劳动力占总外出人口的比重均在64%或以上。大量年轻劳动力流出，从经济发展的角度，黄石市的劳动力资源尤其是青壮年劳动力资源流失，减少了劳动力供给，企业用工成本提高，经济增长中劳动力这一因素的贡献率将大大下降。从社会保障的视角，年轻群体是社会保障收入的主要供给者，年轻劳动力外出意味着其缴纳的社会保险费将计入劳动力输入地的社会统筹，增加劳动力输入地的社会保障基金来源，相反，黄石市作为劳动力输出地，社会保障基金的收入将大大减少（见表6-5）。

表6-5　　　　2009—2012年黄石市农村劳动力实际转移情况

类型	2009年			2011年			2012年		
	划分标准	人数（万人）	比例（%）	划分标准	人数（万人）	比例（%）	划分标准	人数（万人）	比例（%）
年龄结构	20岁以下	7.86	19.10	20岁以下	8.43	18.82	20岁以下	8.46	17.64
	21~49岁	29.69	72.13	21~49岁	33.54	74.86	21~49岁	35.58	74.19
	50岁以上	3.61	8.77	50岁以上	2.83	6.32	50岁以上	3.92	8.17
外出从业时间	1~3个月	4.23	10.28	1~3个月	4.39	9.80	1~3个月	5.38	11.22
	3~6个月	5.37	13.05	3~6个月	6.02	13.44	3~6个月	6.69	13.95
	6个月以上	31.56	76.68	6个月以上	34.39	76.76	6个月以上	35.89	74.83
外出地点	省内	13.39	32.53	省内	15.90	35.49	省内	17.33	36.13
	省外	28.4	69.00	省外	28.90	64.51	省外	30.63	63.87

根据表 6-6 所示，2009 年，黄石市在外出就业的农村劳动力中，签订劳动合同的人数为 3.98 万人，其中参加养老保险人数为 1.09 万人，参加医疗保险人数为 3.03 万人，参加工伤保险人数为 0.61 万人，参加失业保险人数为 0.11 万人，参加生育保险人数为 0.03 万人，分别占外出从业 6 个月以上农村劳动力的 3.45%、9.6%、1.93%、0.35% 和 0.1%。2009 年，全国农民工参加养老、医疗、工伤、失业、生育保险的人数占比分别为 7.6%、12.2%、21.8%、3.9% 和 2.4%。① 黄石市外出从业农民工社会保险的参保比例大大低于全国农民工社会保险参保率。与 2009 年相比，2012 年黄石市农村外出劳动力的社会保障参保情况有了较好的改善，其中参加养老保险人数为 6.83 万人，参加医疗保险人数为 7.86 万人，参加工伤保险人数为 2.48 万人，参加失业保险人数为 1.41 万人，参加生育保险人数为 1.25 万人，分别占外出农村劳动力的 14.24%、16.39%、5.17%、2.93% 和 2.61%。与全国水平相比，2012 年全国农民工参加养老、医疗、工伤、失业、生育保险的人数占比分别为 14.3%、16.9%、24%、8.1% 和 6.1%② 黄石市外出从业农民工在养老、医疗保险水平已接近全国平均水平，但是工伤、失业和生育保险的参保比例仍然大大低于全国农民工社会保险参保率。

表 6-6　　　　黄石市外出农村劳动力参加社会保险情况

年份	签订劳动合同（万份）	养老保险		医疗保险		工伤保险		失业保险		生育保险	
		参保人数（万人）	比例（%）	参保人数（万人）	比例（%）	参保人数（万人）	比例（%）	参保人数（万人）	比例（%）	参保人数（万人）	比例（%）
2009	3.98	1.09	3.45	3.03	9.6	0.61	1.93	0.11	0.35	0.03	0.1
2011	4.93	1.92	4.29	3.56	7.95	0.88	1.96	0.26	0.58	0.18	0.40
2012	5.55	6.83	14.24	7.86	16.39	2.48	5.17	1.41	2.93	1.25	2.61

---

①　国家统计局：《2009 年农民工监测调查报告》http：//www.stats-hb.gov.cn/wzlm/tjbs/swtjbs/1637.htm。

②　国家统计局：《2012 年农民工监测调查报告》http：//www.stats.gov.cn/tjsj/zxfb/201305/t20130527_12978.html。

第三节 劳动力流动原因的理论分析

劳动力指 16 岁以上或者在工作，或者在积极地寻找工作，或者因为暂时失业而等待被"召回"的所有的人；劳动力中那些没有获得有报酬职业的人被称为失业者。[①] 没有工作，并且没有意愿寻找工作的人都不算作劳动力。根据劳动力的生产要素性质和理性经济人假设，劳动力流动是指劳动力为了获得更高的就业收入，而在地区间、产业间、部门间、甚至工作间的转移。根据这种定义，劳动力流动有多种表现形式，其一般性的表现形式包括：①进入或退出劳动力、就业与失业之间转移；②地区间劳动力流动；③产业间劳动力转移；④劳动力在工作间的转移[②]。劳动力的自由流动对地区的经济发展起着不可忽视的重要作用。Robert（1997）指出"劳动者的流动在市场经济中起着非常重要的作用。由于任何市场的作用在于促进自愿交换的实现，所以社会经济依靠劳动者在雇主之间的自由流动来进行劳动力的配置，并使劳动者和消费者的效用达到最大化"。[③]

一 工资收入对劳动力流动的影响分析

唐纳德·博格（D. J. Bogue）于 20 世纪 50 年代提出劳动力流动的"推力—拉力"理论。他认为，劳动力流动是两种不同方向的力作用的结果，一种是促使劳动力流动的力量，另一种是阻碍劳动力流动的力量。推动劳动力流出其原居地的因素有自然资源枯竭、农业生产的机会成本提高、农村劳动力过剩引起的失业、经济收入水平低下等。拉动劳动力流入迁移地的因素与之形成鲜明对比，即较多的就业机会、较高的工资收入、较完善的文化设施和交通条件、较好的生活环境等。推力和拉力的协同作用将推动劳动力向收益更高的行业和地区流动。在促使劳动力流动的众多因素中，最主要的作用力量为工资收入。以往大量的理论和实证研究也显示，工资

[①] Sharon Cohany, Anne Polivka, Jennifer Rothgeb, Revisions in the Current Population Survey Effective January 1994, *Employment and Earnings* 41, No. 2（February 1994）: 13—35.

[②] 肖六亿：《劳动力流动的原驱力：技术进步》，四川大学出版社 2008 年版，第 39 页。

[③] Ehrenberg Ronald G., Robert S. Smith, *Modern Labor Economics Theory and Public Policy*. 6thed, Addison—Wesley Educationl Pubishers Inc. 1997: 212—231.

收入差距是决定劳动力流动行为的重要因素。比如二元经济发展理论论证了劳动力从农村流向城市的决定因素是城乡收入差距；人力资本理论则分别证实了地区间劳动力流动和工作间劳动力流动的决定因素是地区收入差距和工作间收入差距。下面列举著名的理论——托达罗模型来加以说明。托达罗模型从个人的迁移决策出发，对影响个人迁移决策的因素和人口流动机制提出假说，即迁移决策取决于预期的城乡工资差异，其中预期的差异是由实际的城乡工资差异和在城市部门成功地获得就业机会的概率两者相互作用决定的，预期的城乡收入差异越大，劳动力的迁移意愿就越强烈。托达罗认为劳动力的转移速度取决于城乡预期收入折现值之间的差值。这个差值越大，农村劳动力向城市转移的速度就越快。模型公式如下：

$$\frac{s'}{s} = F\frac{V_u(t) - VR(t)}{VR(t)}, F' > 0$$

其中，s'表示净农村转移劳动力，s表示城市现存的劳动力，$V_u(t)$表示非熟练工人在城市期望收入的折现值，$VR(t)$表示农村期望收入的折现值。托达罗迁移模型验证了人口和劳动力在比较经济利益的驱动下从较低收入地区或部门向较高收入地区或部门流动的经济行为。他认为收入高的就业岗位和就业机会会对收入较低、就业不足的劳动力产生持续的引力（拉力）效应，迁移成本是影响劳动力做出是否迁移决策的重要因素之一。

二 技术进步对劳动力流动的影响分析

工资收入差异是劳动力流动的直接原因，而工资收入差异的形成则是受经济发展和产业结构更迭的影响，其背后的原驱力为技术进步。内生经济增长理论认为，技术进步、劳动和资本都是促进产出增长的重要因素，产出增长中劳动和资本无法解释的部分都归于技术进步的贡献，而且随着劳动和资本的边际效率递减，技术进步对产出增长的促进作用将更大。技术进步主要通过提高劳动生产率来促进产出增长，而劳动生产率是决定工资收入的重要因素，因此技术进步是促进劳动力流动的深层次决定因素。从提高劳动生产率的角度，由于不同产业和部门的技术进步的提高程度不同，那么不同产业和部门劳动生产率的提升力度也大不相同，从而导致不同产业、部门间的收入差距，这必将引起劳动力从收入较低的产业和部门向收入较高的产业和部门转移和流动。创新理论的代表人物熊彼特从技和经济相结合的角度探讨了技术创新在经济发展过程中的作用,他认为技术创新是不断地从内部革新经济结构的"一种创造性破坏过程",即在摧毁旧产业的同时催生出新的产业。产业结构的变化是多因素综合作用的结果,它们主要包括自然资源、地理环境、经济发展水平、投资结构、劳动力流向、技术进步和国际市场需求等。在影响产业结构的众多因素中,技术进步是最活跃的因素,在其他因素基本不变的情况下,往往起着主导和决定性的作用。① 技术进步对产业的形成、发展和产业结构的影响是长期的、渐进和持久的,且不受政府和社会意识力量的支配。② 技术进步是产业结构更迭的基础,它不但催生了新的产业,而且新产业在技术进步的带动下收入呈递增趋势,旧产业则逐渐步入衰退周期,收入日益下降,不断扩大的收入差距必然引起劳动力在新旧产业间的转移和流动。

三 制度安排对劳动力流动的影响分析

户籍制度、社会保障制度等制度安排在无形中会提高劳动力流动的迁移成本,阻碍劳动力的自由流动。户籍制度是中国所特有的一项社会制度,这项户籍制度构筑了中国"城市人口"和"农村人口"的二元结构,从而导致了两类群体在社会利益分配上的不均等。从教育、医疗、公共服务、社会保障等公民权益均因为户籍制度而被城乡差异化,致使流入城镇的人口无法实现市民身份的待遇,被挂上"农民工""外地人"等标签,导致城乡居民、本地人和外地人之间在社会心理、社会认同和社会价值观上的隔阂、对立、分裂和矛盾,不利于城市化和工业化的进程。在户籍制度的约束下,农民或者外地人进入城市后无法与当地居民享受低廉教育成本和高质量的教育水平等公共服务,连基本社会保障享受资格也被剥夺或差异化,这些现象都不利于市场经济的健康运行。为了推动新型城镇化的有序开展,中国必须破除户籍制度的障碍,降低劳动力的迁移成本,保障农村人口与城市人口享有平等的公共权益,推动劳动力市场的自由流动。户籍制度改革将有利于社会保障制度真正意义上实现城乡一体化,打破二元结构,保障劳动力在自由迁移权的同时平等地享受当地各种社会保障政策和相关福利,通过制度改革与创新来适应和保护人口流动的合理有序。

---

① 张寿:《技术进步与产业结构的变化》,中国计划出版社1998年版,第30页。
② 李京文、郑友敬:《技术进步与产业结构概论》,经济科学出版社1998年版,第100页。

第四节 资源枯竭城市劳动力迁移模式

劳动力价格是由劳动力市场的供求来决定,作为生产要素的劳动力,在利益机制的驱动下,将从劳动价格低的地区和行业向价格较高的地区和行业迁移。对于资源枯竭城市来讲,剩余劳动力的迁移可以较好地解决这些城市日益严重的失业问题。以德国鲁尔工业区为例,它曾是欧洲乃至世界最大的工业区,以煤矿、钢铁和能源为支柱产业。在鼎盛时期,矿区的矿工超过60万人,钢铁工人也超过35万人。但是1950年以后,鲁尔矿区开始衰败,到1990年,工业区工人大幅度锐减。德国从产业遗产的视角将一个破败的大型工业区转变成了全新概念的博物馆和现代生活空间。德国鲁尔矿区的经济转型是成功的,但是在其城市转型中一个十分关键的推动力就是劳动力自由迁移。芝加哥经济学派代表人物 T. W. 舒尔茨提出了"人口迁移成本与预期收益"的理论,将迁移成本概括为货币成本和非货币成本,前者包括交通、住宅、食物等方面增加的支出,后者包括因迁移减少的收入及心理成本等。当迁移成本低于迁移所带来的预期收益时,劳动者迁移便由此而产生。迁移是可以给劳动者带来经济收益的投资行为,它不仅有利于劳动力本身的优化配置,还有利于提高社会的整体经济效率。劳动力的合理迁移对于解决资源枯竭城市的失业和再就业问题非常关键。资源枯竭城市劳动力迁移一般存在三种模式(见图6-2)。

一 劳动力跨区域迁移

资源枯竭城市的产业结构处于第一产业基础薄弱,第二产业比重偏大,第三产业发展缓慢、滞后的发展态势。其中第二产业主要是资源型产业,它们是资源枯竭城市的支柱产业,这些产业大都属于中间投入型产业,后向关联度低,前向关联度高,难以带动下游产业及相关产业的发展,从而限制了资源型产业对地方经济的关联带动作用。伴随资源枯竭,开采成本越来越大,边际收益快速递减,加上大宗商品价格不断下降,部分资源企业濒临破产边缘,大量劳动力因此失去工作。实现剩余劳动力合理转移和城市经济有效转型成为这些城市的发展难题(见图6-2)。

```
        ┌─────────────────┐
        │  劳动力迁移模式  │
        └─────────────────┘
         ↙             ↘
┌──────┐    ┌──────┐    ┌────────┐
│劳动力│    │劳动力│    │劳动力  │
│跨区域│    │跨行业│    │跨区域  │
│迁移  │    │迁移  │    │跨行业  │
│      │    │      │    │迁移    │
└──────┘    └──────┘    └────────┘
```

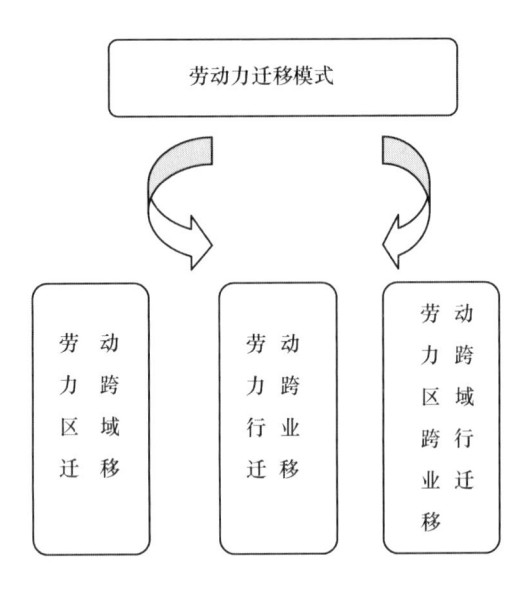

图 6-2　资源枯竭城市劳动力迁移的基本模式

跨区域迁出是资源枯竭城市较为突出的一种劳动力迁移模式。由于资源枯竭导致这些城市原有的主导型产业日渐衰退，而产业转型仍然困难重重，新的替代性产业还处于萌芽状态，没有形成一种有效的对接，导致部分劳动力失业。其中，一部分劳动力是因为资源枯竭城市经济衰退引起就业岗位减少；另一部分劳动力是因为产业转型中对劳动技能的要求发生变化，而这些劳动者由于本身的能力有限，无法及时进行技能或者仍然希望从事原行业工作。基于上述种种原因，资源枯竭城市部分剩余劳动力将从本地区迁移到其他区域，形成劳动力的迁出。这里面的迁出有两种模式，一种为单纯的跨区域迁出，即从原来的资源枯竭城市流向资源丰富区域，从事的工作类别仍然与以前的工作相似；另一种为跨区域跨行业迁出，即从资源枯竭城市流向非资源型城市，从与资源开采与挖掘相关的工作转向其他工作岗位。劳动力同行业跨区域的转移在资源枯竭城市劳动力转移中所占的比例相对较少，其主要原因是实现这种迁移的前提条件较多，主要由原资源型企业迁移意愿和原企业职工的迁移意愿共同决定，包括以下三个方面：第一，原资源企业找寻到新的可开采资源的概率，和新资源所在地区的政府达成合作意向的概率，以及该区域可能存在的原居民或企业的迁移工作的复杂性等。只有前两个概率足够大时，劳动力同行业跨区域迁移才存在可能性。第二，原资源型企业对迁移成本和预期收益以及可能存在的风险进行仔细地考量和估算,只有在合理控制风险的前提下,原资源型企业的迁移成本小于迁移后所带来的预期经济收益时,企业才会考虑迁移。第三,在企业迁移意愿达成的情况下,原企业职工是否愿意到新资源地区去工作也是实现劳动力同行业跨区域转移的必要条件,原企业职工在决定是否迁移时也会衡量迁移成本和迁移预期收益,他们会考虑家庭和子女的安置,对一个陌生地区的经济、文化、自然环境的重新适应等,这些都称为他们的迁移成本。只有同时满足这些条件,劳动力同行业跨区域转移才具备可能性。劳动力同行业跨区域转移的具体案例(见表6-7)。

表6-7 资源型企业实现整体迁移(含劳动力)的案例

资源型企业	迁移区域及新业务	实施成效
江苏徐州矿务集体公司	新疆阿克苏开办俄霍布拉克煤矿	成效欠佳
甘肃玉门市玉门油田公司	福州玉门石油化工有限公司	成效尚可
辽宁八家子矿业有限公司	与贵州成达锌业有限公司成立合资公司,共同开发铅锌矿	成效尚可
阜新矿务局	和顺煤田、内蒙古白音华煤矿建立开采项目;与兖州矿业集团合作开发露天煤矿	成效尚可

二 劳动力跨行业迁移

跨行业迁移是指资源枯竭城市的剩余劳动力根据本地区域范围内劳动力市场需求,通过强化或改变自身技能,学习新领域的新知识,流动到新行业从事与原行业相关性不大或完全无关的工作。剩余劳动力原地区跨行业的迁移方式极大地受到劳动力个人的受教育水平和劳动技能结构的限制。一般而言,资源型企业主要属于劳动密集型企业,企业职工除了部分管理层和从事勘探工作的工程师等受教育水平较高,有一定的劳动技能专属性,其他大多数劳动者都是从事体力工作,其劳动技能单一,受教育水平也较低。当然,这些劳动力相对于农村劳动力而言,其教育水平和劳动技能会相对高出一等。尤其是一些老一辈的企业职工,许多都受过正统教育的。在改革开放初期,国有矿业或其他资源型企业都是国家重点发展的重工业企业,当时许多大中专毕业生都是由国家指令性分配到这些企业,因此，许多历史较长的国有矿业企业都拥有相当数量的专业技术人员和管理人员，这些人的综合素质普遍要高于单纯从事采掘的矿工。

分工和专业化是现代经济发展的原动力，劳动分工和专业化会导致劳动力市场的需求增长，促进就业增长。但是这也对劳动力市场的流动有一定的消极作用。专业化分工促使企业的每一个工种的工作都具有单一性和专属性，一旦劳动者脱离原工作岗位，他们就很难甚至无法适应新的工作岗位。劳动者劳动技能的单一性是专业化分工的必然结果。在这种背景下，资源枯竭城市的劳动者因为原工作岗位的无法持续性而被迫跨行业迁移时，要实现有效而顺利的迁移，关键问题是政府部门必须对劳动者进行充分的职业技能培训，以适应新行业所需要的相关劳动技能。资源枯竭城市在经济转型中，应坚持以结构调整为主线，立足本地资源和优势，大力培育优势产业，探索出一条具有本地特色的经济转型之路。而与之配套的劳动力跨行业转移，也需要根据当地经济发展的方向和策略来选择迁移方向，这不仅提高了资源的利用率，而且有利于当地政府制定正确的就业政策。劳动力向本区域其他行业迁移时，其可能选择的行业大致有以下三种：一是转向第一产业，如现代农业；二是仍然留在第二产业，但是选择其他行业如制造业；三是迁移到第三产业，这是劳动力迁移最多的情况。具体迁移模式如图6-3所示。

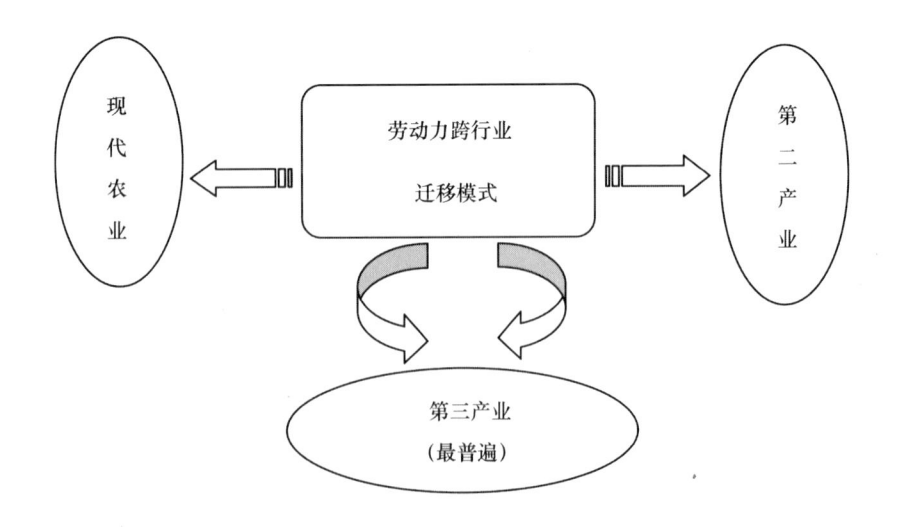

图6-3 劳动力跨行业迁移模式

湖北省黄石市以矿冶文化为主题来发展旅游业。黄石市是矿冶之都，作为国家资源枯竭城市转型的试点城市，本着"矿冶名城"的文化建设理念，政府对全市的矿冶文化遗址、遗迹进行认真鉴定，在城市总体规划中制定专项保护开发规划，按照矿冶遗址、遗迹的不同级别划定保护范围和开发建设控制地带，全方面来保护和开发矿冶文化遗产。政府还积极营造矿冶文化氛围，打造知名品牌，使当地市民形成共同的矿冶文化价值认同和目标追求。2010年，在黄石市政府的精心准备下，首届国际矿冶文化旅游节成功举办。为了加强矿冶文化建设和弘扬矿冶文化，黄石市利用工业遗产，采用光、电和数字技术等现代科技手段，对既往的工业生产过程和工艺流程进行场景复原和再现，着力开发建设铜绿山铜矿遗址、铁山国家矿山公园、汉冶萍广场、中国（华新）水泥博物馆，并筹划建设矿冶文化雕塑艺术长廊、磁湖矿冶文化动漫乐园，并积极申请铜绿山铜矿列入世界历史文化遗产等。文化旅游业的开发与建设，不仅吸引大批失业人员进入该产业内就业，由此带来交通运输、餐饮、娱乐等一系列相关产业链的发展，形成第三产业就业联动机制。作为国家首批出台的12个资源枯竭城市之一的湖北大冶市在经济转型时变地下经济为地上经济，大力发展接续和替代产业。一方面，全力打造工业园区，规划建设新工业区，把城西北工业新区与推进新型工业化、城市化、产业化联动发展，使之成为产业先进、设施齐全、功能完善的科技型生态园区，成为现代制造业的产业基地。另一方面，积极深入到"珠三角""长三角""京、津、塘"及武汉市等重点地区，围绕着机械、电子、服装、医化及高新技术等产业积极招商，积极引进高质量的项目。成功的经济转型和产业转型为劳动力跨行业转移提供了保障。

三 劳动力跨区域跨行业迁移

跨区域跨行业迁移是指资源枯竭城市的剩余劳动力迁移到外地并在新的行业继续就业。资源枯竭城市经济转型是一条任重而道远的路，其间需要大量的资金投入，对于一些经济发展水平较高的资源型城市来讲，经济转型能力相对较强；而对于一些经济发展较为落后的资源型城市，产业结构体系非常不完善，完全依赖开采资源来拉动经济，一旦主导产业濒临破产，无法及时找到接续产业予以替代，经济就会陷入完全衰退的状态。这些支柱型企业如果无法在外地找到新的合适的资源，大量企业职工将被迫失业，不得不寻找新的渠道以解决失业问题。由于本地经济转型也是困难重重，这些剩余劳动力只有跨区域甚至跨行业来实现重新就业。这种迁移模式有两种形式，一种以政府主导为主，另一种以个人主导为主。政府主导的矿区域跨行业转移主要是在原有的资源型企业破产以后，由政府出面组织企业职工整体搬迁到外地，到其他行业进行再就业，比较类似于三峡移民的安置工程。例如，2002年10月阜新矿业集团在阜新市政府、大连市政府的支持下，组织了关闭破产煤矿的部分失业职工及其家属1000名迁移到大连市炮台镇。国家为此投资1600万元修建了7栋住宅楼，炮台镇政府积极为迁移人员提供再就业机会。这是全国首例资源枯竭国有企业下岗职工大批有组织地外迁，其经验与教训可供其他资源枯竭城市借鉴。

第五节 人口流动下资源枯竭城市社会保障制度改革的难点

黄石市作为资源枯竭城市，正处于经济转型期，经济发展速度放缓，人口聚集作用有限，因此黄石市人口流动呈现省际流动人口小于省（市）内流动人口、农村人口流入城镇、流出人口大于流入人口等特征。人口流动使黄石市的人口结构和社会结构发生变化，农村劳动力流入黄石市（镇）区，使黄石市农村老年人口比重上升，而降低了市区老龄化程度；农村人口转变为城镇人口，加快了黄石市城镇化速度。劳动力需求和劳动力价格均低于部分省内外其他城市，收入差异导致劳动力进一步流出，使黄石市农村地区和城镇地区的老龄化程度均进一步提高，劳动力供给大幅度下降，不利于城市化进程推进。人口流动的常态化和自由化对资源枯竭城市社会保障制度改革提出了更高的要求和挑战。

一 社会保障制度统筹层次低、二元化社会使流动人口社会保障制度呈现"碎片化"倾向

黄石市针对农民工出台了《黄石市农民工参加基本医疗保险试行办法》和《黄石市农民工参加工伤保险试行办法》，并于2007年首次将农民工纳入医疗保险和工伤保险，人数分别为2.5万人和3.5万人。由于流动人口本身频繁流动的特征，工作和居住地等均不稳定，使其本身的管理存在一定难度，黄石市虽然出台了关于农民工社会保险方面的相关办法，

但是还没有统一的制度或部门来专门管理流动人口的社会保障,这往往容易导致农民工社会保障制度边缘化,得不到重视。另外,农民工社会保障制度从缴费到待遇水平都与城镇社会保障制度存在较大差异,比如,在江苏吴江市,外来流动人口从业人员被分割在3个不同制度中:雇用外地城镇户籍劳动者的单位按19%缴费,雇用农民工的城镇企业按13%缴费,雇用外地农民工的开发区企业按10%缴费。黄石市农民工的社会保障待遇水平也大大低于城镇居民或城镇职工社会保障待遇水平,农村劳动力的基本社会保障权益难以得到充分保障,减少了劳动力的潜在收益,不利于农村劳动力的自由流动。

二 人口输入地与输出地之间存在社会保障权益的"逆向交换",制度之间、地区之间缺乏有效衔接

2010年,黄石市外出半年以上人口数为602960人,而外地流入人口不到30万人,两者比例超过2∶1,为人口净输出地区。在现行政策下,流动人口在异地转续时只能转移其个人账户资产,不能携带单位缴纳的统筹部分,按照单位缴纳12%和个人缴纳8%的缴费标准,意味着流动人口60%的收益在未来迁移时无法携带,被留在人口输入地城市社会统筹账户中,直接损害了流动人口的社会保障权益,削弱了其养老保障的积累。欠发达地区年轻劳动力大量外流,养老保险的缴费收入减少,但是大多数流动人口尤其是农村人口会回到原居住地养老,在原居住地享受社会保障待遇,因此,人口输入地在享受人口输出地劳动力资源的同时,流动人口还源源不断地为输入地社会保障制度贡献社会统筹基金,而这些地区将来并不需要为流动人口支付基础养老金。这种"逆向交换"加重了人口输出地未来的养老保障负担,影响了欠发达地区社保基金的支付能力。社会保障收益在不同地区之间的利益博弈使流动人口社会保障关系的转续问题迟迟得不到有效解决,另外,中国主要的社会保险制度都实行属地管理,统筹层次主要集中在地级或县级。由于统筹层次不统一,这些制度被分割在2000多个统筹单位内运行,而各统筹单位之间政策不统一,给地区之间的转移接续带来了障碍。制度转移接续障碍反过来又将加剧地区间社会保障水平的失衡状态,形成一种"马太效应"。

三 制度设计相对单一，缺乏针对性，享受的保障项目也十分有限

现阶段，中国流动人口的分化现象非常明显。流动人口基于工作种类、流动程度大小不同，年龄结构等区别，在社会保障方面的需求也存在明显差异。部分流动人口拥有稳定的收入来源且收入较高，部分流动人口从事个体经营等，这类群体属于长期居住，未来定居在城市的概率较大。还有部分流动人口属于弹性就业的临时工，或者年龄较大，他们往往属于暂时性流动某地人口。在实际操作层面，目前基本上都是采用统一的模式来解决所有流动人口的社会保障问题。以医疗保险为例，目前中国的医疗保险强调"保大病"原则，门诊医疗一般不在报销范围内，但由于农民工年龄偏轻，患大病的概率较低，因此对住院医疗和大病医疗需求的迫切程度往往小于日常的医疗消费需求，容易导致参保积极性不高。另外，流动人口社会保障主要涉及医疗、工伤、养老保险三大项目，其他保障项目参与率非常低。2012 年，黄石市农村外出就业人员中，参加失业保险的人数为 1.41 万人，仅占总人口的 2.93%；参加生育保险的人数更少，只有 1.25 万人，占比只有 2.61%。

第六节　促进人口流动的社会保障制度改革建议

顺应人口流动潮流，改革完善社会保障制度将有利于促进劳动力自由流动，吸引劳动力流入资源枯竭城市，推动城市经济转型与发展。

一 全国养老保险统筹制度模式改革

十八届三中全会通过的《中共中央关于全面深化改革若干重大问题的决定》明确提出："建立更加公平可持续的社会保障制度，实现基础养老金全国统筹，建立健全合理兼顾各类人员的社会保障待遇确定和正常调整机制。"关于社会保障尤其是养老保险责任的划分不明晰，中央财政与地方财政的养老保险补贴均没有严格的制度规定，在实行国民年金的基础上实行全社会统一制度的全国统筹，在当前难度较大，尤其是省级之间养老保险关系转移问题，在新型城镇化推动下，人口流动更频繁规模更大，这里面牵涉太多人口的养老保险问题，需要有计划有步骤地推进。目前首要问题是让流动人口享受共有财产权（基础养老金）的权利，不能因为

是流动人口而从制度上剥夺应有的保障权利。中央政府应该承担更多社会保障责任，从财政支出中提出更多资金补贴养老保险，尤其针对资源枯竭城市，由于矿竭城衰导致大量劳动力流出，但是这些流动人口将来又会回到资源枯竭城市养老，中央政府在设立专项资金扶持城市转型与发展时应专门设立一项养老保险补贴，以弥补资源枯竭城市养老保险基金缺口。

二　社会保障制度城乡统筹，促进劳动力合理流动

2014年，中华人民共和国人力资源与社会保障部发布《城乡养老保险制度衔接暂行办法》（人社部发〔2014〕17号），从制度层面体现了政府对于建立城乡统筹社会保障制度的决心，这也符合当前新型城镇化发展的需要。湖北也将实施城乡养老保险制度衔接，健全完善城乡居民养老保险政策作为2014年社会保险改革的重点任务。当前社会保障制度城乡统筹的难点是权利和义务的不对等，待遇差别大。城镇养老金水平与农村养老金水平差异较大，2013年，湖北人均养老金水平为1800元，但是农村人均养老金往往不到100元，这导致制度之间的转续存在利益障碍。农村进城务工人员也往往被排除在城镇职工养老保险制度之外，目前许多地方如北京实现的城乡一体化养老保险制度也只是针对农村养老保险制度与城镇居民养老保险制度的统一，由于城镇居民养老保险待遇也相对较低，因此对农村劳动力的吸引力度有限。农村外出就业人口为城市建设与发展做出了巨大贡献，应该让这些群体享受与城镇职工相同的社会保障权利。对于资源枯竭城市，要吸引当地农村劳动力留在城市，实现就地城镇化，可以考虑出台相关政策，直接将这些群体纳入到城镇职工社会保障制度体系，真正意义上实现城乡统筹，也有利于解决城市经济转型与发展中劳动力短缺问题。

三　资源枯竭城市应将流动人口社会保障问题上升到战略高度

由人力资源与社会保障局针对流动人口建立专门的保障政策，不仅立足于流动人口中的重点劳动力资源，还要考虑劳动力家属的社会保障问题，以此吸引劳动力举家搬迁到资源枯竭城市工作与发展。在新型城镇化中，国家提出将推动1亿人从农村转移到城市并实现市民化，推动1亿人在中西部地区就地城镇化，这意味着未来人口流动不再是人口在不同地区之间的流动，而是实现人口迁移。资源枯竭城市应抓住这一机会，从社

保障视角，为流动人口提供更好的保障、更全面的保障，使流动人口迁移到城市并成为城市从业人员。无论是本地农村劳动力还是外来劳动力，应该根据其劳动技能、工作年限、受教育程度等方面来确定其加入城镇职工社会保险制度的条件，可以借鉴中山市外来农民工落户积分的方式，不仅单纯纳入医疗保险制度和工伤保险制度，还应覆盖到养老保险、失业保险和生育保险制度，不断提高社会保险水平。对于其家属如小孩或没有工作的配偶，可以将他们纳入到城镇居民社会保障体系中，享受公平的受教育权利等，这些举措无疑成为吸引劳动力资源长期留在资源枯竭城市的重要法宝。

第七章　资源枯竭城市经济转型与社会保障制度的关联机制

第一节　资源枯竭城市经济转型的特点与成效

一　资源枯竭城市转型的特点

（一）以经济结构转型为重点

中华人民共和国 2001 年，国务院确定辽宁省阜新市为唯一的资源枯竭城市经济转型试点，自此拉开了资源枯竭城市转型序幕。2003 年党中央、国务院做出振兴东北地区等老工业基地的战略决策，为资源枯竭城市转型制定了一系列配套政策。2005 年，国家扩大了试点范围，选取大庆、伊春、白山、辽源和盘锦 5 个不同资源类型的城市进行进一步转型试点。2007 年 12 月，中华人民共和国国务院《关于促进资源型城市可持续发展的若干意见》正式下发，提出了建立健全资源开发补偿机制和衰退产业援助机制等政策措施，以接替产业、生态环境和民生三方面为主要着眼点，全面解决资源枯竭城市可持续发展问题。资源型城市转型可以归结为产业转型和城市功能转型两个方面，"资源型城市转型的核心是产业转型，产业转型的前提是城市功能转型，产业转型是资源型城市转型的主要载体"。

（二）转型发展取向多样化

中国资源型城市经济转型有三种产业发展方向：一是延长产业链，发展资源深加工企业，如大庆；二是用全新的产业培育替代资源枯竭的产业，如焦作；三是发展复合模式，接续和替代产业共同发展，如大同培育煤化工、电力、冶金三大接续产业，发展壮大装备制造业、医药、建材、旅游和特色农产品加工业，还有现代服务业六个替代产业，产量占主导的依旧是煤炭，其他产业也发展良好中国资源型城市类型多样与发展条件和机遇不同，转型取向必然是多样性。辽源市深入调研论证，结合本市实际，把重点发展的接续产业确立为传统优势产业、新材料和健康产业；抚顺主要以延伸石油化工、冶金、矿区接续产业、农副产品加工链，与抚顺国企改革转制相结合，同时吸引国外资金，技术和管理方法，促进城市转型。

二 资源枯竭城市经济转型的成效

（一）全国资源枯竭城市经济转型成效比较分析

在工业化的初级阶段，自然资源是工业化发展的关键生产要素，资源型城市作为生产资料的供给地，为中国经济社会发展做出了巨大贡献。但伴随着经济结构调整、产业结构升级以及资源型产品的供求关系变化等经济形势变化，资源型城市出现了自然资源濒临枯竭、经济持续衰退、接续产业难以发展、生态环境急剧恶化、低收入和高失业长期并存等一系列重大问题，其生存与发展受到了前所未有的威胁与挑战。在国家政策引导和转移支付投入的影响下，部分城市经济转型已取得一定成效。余建辉、张文忠（2011）选取35个资源枯竭城市，运用2004—2008年数据，从城市综合发展水平的"基础"类和城市转型发展的"经济""社会""环境"几个方面对城市转型成效做出了评价。结果显示，在本次评价中，各城市的评价分值总体较好。其中，地级城市没有"优"和"差"的城市类型，较优分类占据所有城市的70%，而县级城市全部城市转型评分都远远高于全国和省区平均水平，全部为"优"。从区域分布来看，西部地级城市总体转型评价分值最高，中部城市紧随其后。在经济转型方面，从财政收支比、客货运总量、当年实际使用外资金额、人均社会消费品零售总额四个方面进行评价，部分地级城市具体评价结果见表7-1。[①]

从经济转型评分中可以看出，西部城市在经济转型的评价中分值较高。这可能由于西部地区城市规模相对较小，在国家和地方进行辅助转型的情况下，转型难度相对较小，尤其在接续替代产业转型等经济方面成绩突出。黄石市在2004—2008年的经济转型中表现一般，与铜陵、石嘴山和伊春等城市差距较大，但是高于全国平均水平。

---

① 余建华、张文忠等：《中国资源枯竭城市的转型效果评价》，《自然资源学报》2011年第1期。

表 7-1　　　　　　　资源枯竭城市经济转型评价结果

地级城市	经济得分	类别	地级城市	经济得分	类别
淮北	0.086	较优	辽源	0.083	较优
盘锦	0.069	较优	白山	0.077	较优
铜陵	0.104	优	焦作	0.064	较优
石嘴山	0.135	优	伊春	0.107	优
白银	0.084	较优	铜川	0.083	较优
七台河	0.041	较差	萍乡	0.066	较优
枣庄	0.057	一般	景德镇	0.067	较优
阜新	0.032	较差	黄石	0.062	一般
抚顺	0.054	一般	全国平均	0.053	

(二) 黄石市经济发展变化与经济转型成效

1. 黄石市近 30 年经济发展变化

20 世纪 90 年代以前，靠资源发展的黄石市城市规模和工农业产值一直稳居湖北省前几名。1980 年，黄石市地区生产总值为 17.53 亿元，仅落后于武汉、襄樊和黄冈地区。但随着资源型产业衰退，资源型企业多，高新技术企业少；初级产品多，终端产品少；关联度低的单体企业多，产业集群配套的企业少等一系列问题正在制约着黄石市的发展。经过新中国成立以来 50 多年的大规模开采，黄石市主要矿产资源进入了开采晚期，保有储量大幅下降，其中煤、铁、铜等主要矿产资源的保有储量占累计探明储量的比重分别为 24.25%、23.03%、28.54%，可开采资源严重不足。[①] 1995 年，黄石市地区生产总值为 70.64 亿元，在全省排名倒数第三，仅高于恩施和神农架。在国家土地、金融、财税等政策支持下，黄石市利用产业基础、区位条件等转型优势，拟定产业转型路径，大力发展大产业，从由资源主导型经济向多元综合型经济转变，由粗放型的发展模式向"两型"发展模式转变，实现经济社会全面转型与可持续发展。在各项政策与措施的引导下，黄石市经济取得较大幅度增长。2000 年及以后，黄石市地区生产总值在湖北省 17 个地区排名中居第七、八位，且与前面排名地区的相对差距在不断缩小。以 2012 年为例，黄石市地区生产总值

---

① 黄石市人民政府：《关于印发黄石市资源型城市转型与可持续发展规划的通知》。

全省排名第八,但是除了与武汉、宜昌和襄阳差距较大以外,与其他地区的相对差距仅为10%左右。详见表7-2。

表7-2　　　　　　　湖北省17个市州地区生产总值变化　　　　　单位:亿元

地区	1995年	2000年	2005年	2011年	2012年
武汉	606.91	1206.84	2238.00	6762.2	8003.82
黄石	70.64	200.75	343.21	925.96	1040.95
十堰	141.51	178.50	306.63	851.25	955.68
宜昌	217.05	379.39	608.06	2140.70	2509.00
襄阳	337.99	415.29	571.47	2132.22	2501.96
鄂州	76.53	90.47	146.97	490.89	560.39
荆门	89.46	248.22	310.29	942.59	1085.26
孝感	209.97	262.51	359.73	958.16	1105.16
荆州	328.52	301.54	393.04	1043.12	1195.98
黄冈	210.90	320.97	348.56	1045.11	1192.88
咸宁	101.24	133.07	203.83	652.01	773.20
随州	77.94	120.11	193.07	517.99	590.07
恩施	62.20	120.96	173.56	418.19	482.19
仙桃	94.08	113.08	113.08	378.46	444.20
潜江	80.76	83.95	83.95	378.21	441.76
天门	96.64	87.49	87.49	274.52	321.22
神农架	1.88	2.85	2.85	14.53	16.81

根据图7-1,从产业结构来看,1978年,黄石市第一、二、三产业分别占比22.7%、64.88%和12.42%。2011年,三大产业占比调整为7.43%、62.37%和30.19%。从图7-2中可以看出,黄石市第一产业的比重逐年下降,但是第二产业和第三产业的比重均呈现"U"形变化,一方面这种变化符合经济发展规律,第一产业比值逐渐减少,而第二产业占据主导地位,而第三产业比值逐渐提高;另一方面,第二产业和第三产业比值的波动可能源于黄石市正处于经济转型和结构调整的过渡期,在产业发展和主导产业方向上还在不断探索。从产业增长率来看,1998年以前,除了极少年份,第三产业的增长率都高于第二产业的增长率;但是1998

年以后,第二产业的增长率均高于第三产业,而且从经济增长率的轨迹中发现,经济增长率的变动与第二产业的波动关系更为紧密,这说明黄石市经济增长中,第二产业的贡献仍然居于主导地位,经济转型中,黄石市仍然找寻新兴工业来替代原有的矿产开发与采掘等资源型产业。详见图7-2。

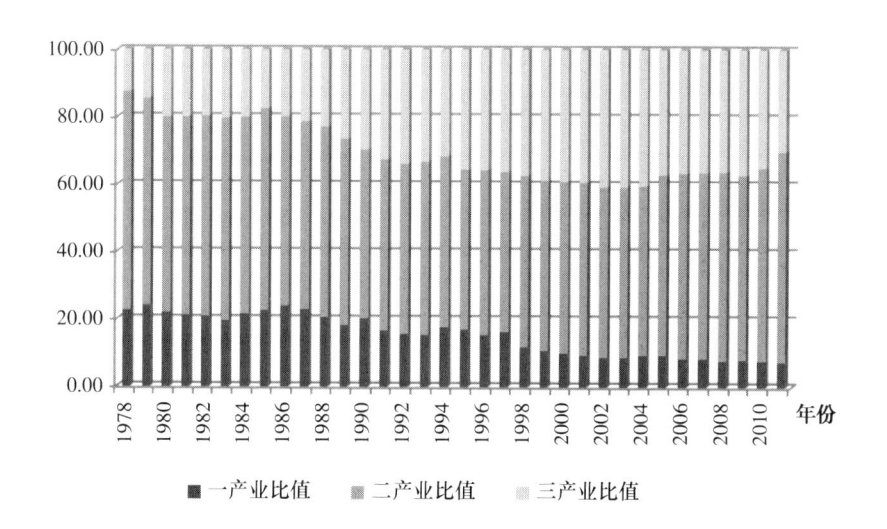

图7-1 1978—2011年黄石市的三大产业结构比重

资料来源:《黄石市统计年鉴》(2012)。

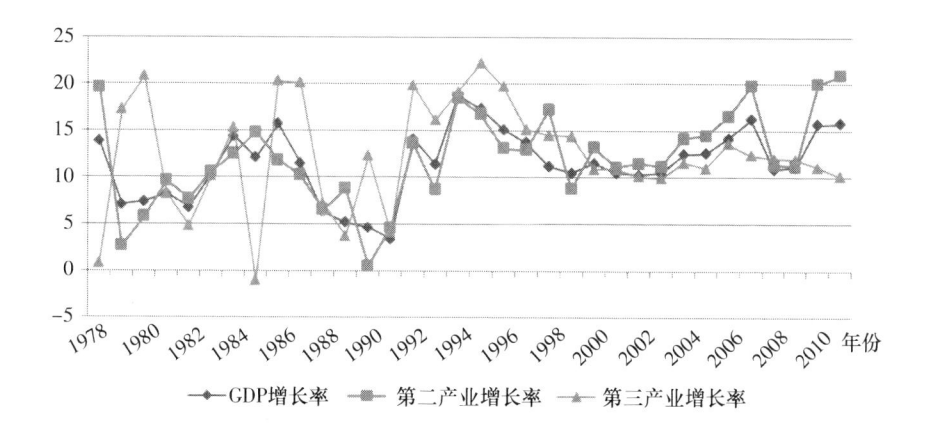

图7-2 1978—2011年黄石市经济增长率和产业增长率变化

资料来源:《黄石市统计年鉴》(2012)。

2. 黄石市经济转型成效分析

黄石市近几年城市经济转型取得了巨大成果。黄石市经济发展从"濒临衰退"转向"跨越发展",主要指标实现倍增。"十一五"与"十五"比,全市生产总值、规模以上工业增加值、地方财政收入分别增长1.09倍、1.42倍和1.25倍,被评为"2010中国十大经济转型示范城市"。2013年,黄石市完成生产总值1144亿元,增长10.5%;规模以上工业增加值572亿元,增长11%;全社会固定资产投资963.5亿元,增长28.7%;社会消费品零售总额450亿元,增长12.5%;外商直接投资4.9亿美元,增长16.7%;外贸出口总额12.1亿美元,增长10%;地方公共财政预算收入78.36亿元,增长19.38%。城镇居民人均可支配收入21553元,增长11%;农民人均纯收入8374元,增长12%;大冶市在全国百强排名中实现进位,较2012年进3位,排名第94位。

黄石市产业发展从"一业独大"转到"多业并举",呈现"两升两降"态势。"两升",即高新技术产业产值占GDP比重提高近10个百分点,医药化工、机械制造、食品饮料及现代服务业四大接续替代产业产值占GDP比重提高近10个百分点;"两降",即2013年与2007年比,传统采掘业及原材料加工业占工业比重下降6.04个百分点,重工业产值占全部工业产值下降1.5个百分点。产业竞争力显著增强,东贝进入全球同行业前三强,劲牌进入全国同行业第一位,4家企业进入全国500强,3家企业荣获全国科技进步二等奖。2013年,新增限额以上商贸企业140家、限额以上服务业企业120家,第三产业增加值占GDP比重达到30.8%,比2012年提高0.8个百分点。根据发改办(东北〔2014〕1341号)文件,在2013年年度资源枯竭城市转型绩效考核中,黄石市与铜陵市、北票市、新余市、井陉矿区、涟源市、铜川市等7座城市考核评价结果为优秀。在2014年,中央在吸纳就业等预算内资金投资中将向黄石市倾斜,黄石市经济转型又多了一份资金保障。

第二节 经济转型与社会保障制度之间关系的理论分析

一 经济转型与发展为社会保障制度带来的机遇和挑战

经济快速增长为一国社会保障制度的发展提供了坚实的经济基础,有利于提高一国社会保障水平。中国改革开放以后,经济持续高速增长,中国的社会保障制度从现收现付制转变为社会统筹与个人账户相结合的部分积累制,劳动者的社会保障收益一定程度上取决于其缴费水平。伴随着劳动者收入水平的提高和政府财政性社会保障投入增加,中国的社会保障水平也逐年增加(见图7-3)。经济发展的规律是产业结构更迭,从农业向工业、工业向第三产业转移。这种产业结构的调整必然推动城镇化进程加快发展,从而对现有社会保障制度提出新要求,带来新机遇。资源枯竭城市经济转型的目的是为了获取持续稳定的经济增长,其经济发展的规律也不例外,经济转型过程中仍然是第二产业占主导,但是第三产业的比重会逐年增加。大量农村劳动力流入甚至迁移到城市,他们为城市发展提供了充分的劳动力资源,社会经济发展也要求让他们享受与城镇居民相同的社会保障权利,原有的分割化、碎片化的社会保障制度不再适应经济社会发展,建立城乡统筹的社会保障制度势在必行,否则它将成为经济转型与发展的制度障碍。与此同时,大量年轻劳动力迁移到城市,大大降低了资源枯竭城市人口老龄化程度,将这些群体纳入到社会保障体系,有助于缓解社会保障资金缺口。

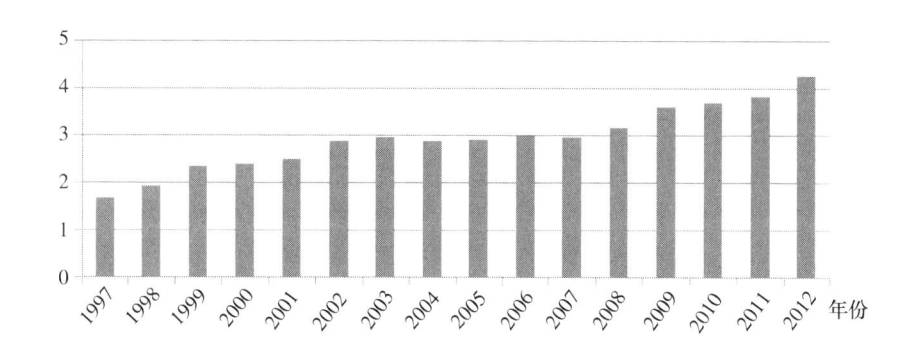

图 7-3 中国 1997—2012 年社会保障水平变化[①]

资料来源:中华人民共和国统计局网站,http://data.stats.gov.cn/index。

二 社会保障制度改革助推经济转型与发展

社会保障制度对经济增长的影响可以从储蓄和人力资本两个方面展开

[①] 社会保障水平等于社会保险基金支出总额与国内生产总值的比值。

分析。社会保障对储蓄的影响主要通过影响消费者的预算约束条件实现。社会保障的储蓄效应基于不同的前提假设可能会得出不同的结论，或者不同国家数据背后隐含着不同的消费生活习惯和制度特征等，也可能会带来不同的结论。社会保障对人力资源的影响可以从教育、健康、劳动力迁移等方面实现。从教育投资促进人力资本形成的角度，社会保障可以通过影响生育率等人口结构因素以及退休决策等变量进而间接影响家庭的教育决策；另外，社会保障也会直接影响家庭和政府的教育投资支出。从非教育投资促进人力资本形成的角度，社会保障会影响家庭或个人在医疗卫生保健等方面支出进而影响健康；社会保障对劳动力流动率、迁移率也会产生影响，特别是中国社会保障制度所面临的二元城乡结构和省际水平差异较大等现状对劳动力的跨地流动都会产生影响，进而影响人力资本的优化配置。资源枯竭城市转型过程中，原有的资源型主导产业无法持续增长，而新兴产业还不足以发展壮大来取代原有产业形成主导，这些城市经济增长在这个阶段可能出现缓慢甚至后退的迹象，需要从社会民生政策、产业扶持政策、税收优惠政策等角度加以配套。有效的社会保障制度安排不仅有助于缓解经济衰退时期出现的失业、贫困问题，而且社会保障待遇水平是劳动力薪酬水平的一个方面，具有竞争力的社会保障待遇以及有利于劳动力自由流动的社会保障待遇能够为地区经济发展募集更多劳动力资源。

第三节　资源枯竭城市经济转型与社会保障制度之间关系的实证分析

一　实证分析方法

国内学者关于经济增长与社会保障水平之间相关性的实证研究很多，但是专门针对资源枯竭城市数据展开的实证分析基本上没有。在实证研究中，学者们一般采用时间序列数据运用简单线性回归建模或者运用协整与误差修正模型、VAR模型分析经济增长与社会保障的关系。但是，这两种分析都具有一定的局限性。针对时间序列数据，计量经济学要求所有研究的经济变量必须是平稳的，在此基础上才能进行线性回归分析，但是宏观经济变量的时间序列数据往往具有单位根过程，若直接采用线性回归方法容易出现"伪回归"现象，建立的模型本身失去了实证解释的作用。鉴于时间序列数据的缺陷，协整与误差修正模型、传统向量自回归

(VAR) 等计量方法成为时间序列数据实证研究方法的主流，它们的优势是不要求变量是平稳的，也不需要严格的理论基础。但是当系统内含有单整变量、或时间序列存在协整关系、或进行有约束的 Wald 检验时，相应的因果关系检验将失去可靠性。而且这些方法要求误差项服从独立同分布的白噪音序列，这种假设在实证研究中很难满足。时间序列一般采用渐进临界值进行因果推断，这意味着只能在渐进程度上保证推断的可信度，即使在中等规模样本量（50—100）的情形下，Wald 检验也会发生检验水平内的准确度错误（Mantalos，2000），导致对原假设的过度拒绝，得出虚假因果关系。因此针对小样本数据，渐进理论的结果往往受到质疑。Mantalos（2000）提出利用数据的真实经验分布，通过 Bootstrap 计算机仿真基数来构造新临界值的仿真分析方法。这种方法放松了误差项独立同分布的假定，完全依赖于数据本身的信息分布特征，即使数据生成过程是非平稳的、变量间缺乏协整关系，这种方法也能够得到可靠的结果。[①]

（一）似然比检验

格兰杰（Granger，1969）提出一种因果关系概念，如果变量 y_{2t} 有助于增进对时间序列变量 y_{1t} 的预测，y_{2t} 就是 y_{1t} 的格兰杰原因。对于一个双元 VAR（p）模型：

$$\begin{bmatrix} y_{1t} \\ y_{2t} \end{bmatrix} = \sum_{i=1}^{p} \begin{bmatrix} \alpha_{11,i} & \alpha_{12,i} \\ \alpha_{21,i} & \alpha_{22,i} \end{bmatrix} \begin{bmatrix} y_{1,t-i} \\ y_{2,t-i} \end{bmatrix} + u_t \tag{1}$$

格兰杰因果检验假设 $H_0: \alpha_{12,i} = 0$，$i = 1, 2, \cdots, p$，若原假设成立，意味着 y_{2t} 的滞后项不出现在 y_{1t} 方程中，y_{2t} 的过去信息不改变 y_{1t} 的预测值，则 y_{2t} 不是 y_{1t} 的格兰杰原因。针对方程的特定系数是否为零的检验，往往采用具有代表性的 Wald 检验。但是对于小样本而言，Wald 检验有过度拒绝原假设的倾向，此时似然比检验的渐进性最好。似然比检验基本思想是，如果参数约束是有效的，那么加上这样的约束不应该引起似然函数最大值的大幅度降低。参考哈特米（Hatemi - J，2006）、曼特洛斯（Mantalos，2000）的定义，似然比检验的统计量可以写为：

$$LR = (T - p) \times l_n \left(\frac{\det(RES_r)}{\det(RES_u)} \right) \tag{2}$$

[①] 董直庆、藤建洲：《中国财政与经济增长关系：基于 Bootstrap 仿真方法的实证检验》，《数量经济技术经济研究》2007 年第 1 期。

其中 RES_r 表示零假设约束模型下的残差交叉乘积矩阵，RES_u 表示无约束模型下的残差交叉乘积矩阵，det 表示矩阵行列式的值。

（二）Bootstrap 仿真分析方法

"Bootstrap"又称为"自抽样""自助法""脱靴法"等，国内没有统一的定义，它是美国斯坦福大学埃弗龙（Efron）教授提出的一种针对总体分布特性进行统计推断的非参数统计方法。它的基本思想是利用样本原有信息，通过计算机仿真方法加以重复利用，以减少统计推断偏差，并依据数据本身产生的临界值进行统计推断，克服传统检验中的非标准渐进分布问题，提高统计推断的可信度。这种方法不需要对干扰项的分布做任何假设。

在大样本条件下，LR 统计量服从渐进自由度等于约束个数的 χ^2 分布。但是基于研究变量的小样本性质，以及 VAR 系统中包含 $I(1)$ 变量等，导致格兰杰因果检验可能存在非标准的渐进性质，若采用似然比检验会使统计推断的结果失去可靠性。曼特洛斯（Mantalos，2000）提出基于 Bootstrap 仿真分析的 LR 检验在小样本条件下，比 Wald 检验和似然比检验更有效率。埃弗龙（Efron）针对 Bootstrap 法提出两种抽样方法，bootstrapping pairs 和 bootstrapping residuals，这里主要介绍后者的抽样步骤：

①将零假设代入原 VAR 模型中得到受约束模型。对受约束模型进行 OLS 估计，得到系数矩阵与随机扰动项的估计值，并对残差进行标准化。

②对标准化残差进行有放回的 Bootstrap 抽取，基于所估计的系数矩阵和残差序列，生成 Bootstrap 样本 y_t^*。

③以 y_t^* 为新样本，对无约束模型与约束模型重新估计，得到受约束的残差平方和无约束的平方和，以此计算出 LR 统计量。

④重复以上步骤 1000 次（参考 Hatemi – J 等人的做法），得到 1000 个 LR 统计值，按照升序排列，可得到各分位点的临界值 LR^*。

⑤利用原始数据计算 LR 统计值，如果 LR 统计值大于 Bootstrap 仿真的临界值 LR^*，则拒绝原假设。

二 数据来源与处理

本节实证分析涉及的变量有经济增长率、第二产业经济增长率、第三产业经济增长率和社会保障水平。以黄石市为研究地区，数据全部来源于黄石市统计年鉴。经济增长率采用 1978—2011 年宏观经济数据计算得到，均已提出物价指数影响，由于社会保障水平为国内生产总值与社会保障基金支出的比值,无须再做进一步数据处理,但是社会保障基金支出总额的数据只能获取1999年及以后年份的数据,因此在对社会保障与经济增长关系的实证分析中,只采用1999—2011年数据进行分析。

三 经济增长与产业结构变动之间关联的实证分析

（一）单位根检验

在进行Bootstrap仿真分析之前,先尝试采用VAR或协整模型来分析变量之间的关系。如果变量均为平稳的,可以建立VAR模型,并直接做格兰杰因果检验;如果变量为单位根过程,但是其线性回归模型的随机干扰项为平稳序列,这意味着变量存在协整关系,可以据此建立误差修正模型。

本节运用STATA11.0,采用ADF单位根检验法,检验各变量原始序列的平稳性。选取1978—2011年黄石市数据,g_gdp来表示经济增长率,第二产业增长率$g\_industry$和第三产业增长率$g\_service$来表示产业结构调整。检验结果显示,g_gdp为单位根过程,但是$g\_industry$和$g\_service$均为平稳时间序列,g_gdp一阶差分以后变为平稳时间序列,这里可以对三个变量进行传统向量自回归,并做格兰杰因果检验分析。详见表7-3。

表7-3　　　　　　　　变量的平稳性检验

变量	ADF检验		PP检验	
	统计量	5%临界值	统计量	5%临界值
g_gdp	-2.840	-2.978	-3.075	-2.978
$g\_industry$	-3.764	-2.978	-4.037	-2.973
$g\_service$	-5.496	-2.978	-5.498	-2.978
$d.g\_gdp$	-6.922	-2.978		

注：$d.g\_gdp$表示g_gdp的一阶差分。

（二）VAR模型及其检验

1. 依据AIC或SBIC信息准则确定模型的滞后阶数

根据赤池信息准则和施瓦茨准则,AIC或SBIC取最小值时滞后阶数为最优选择。从表7-4可以得知,HQI和SBIC值都在滞后阶数取1时达到最小值,故模型选择 1 阶滞后。详见表 7-4。

表 7-4　　　　　　　　　　模型滞后阶数的选择

滞后阶数	LL	LR	FPE	AIC	HQI	SBIC
0	-247.46		6371.33	17.2731	17.3174	17.4146
1	-221.104	52.713	1934.88 *	16.0761	16.2533 *	16.6419 *
2	-212.657	16.893	2058.68	16.1143	16.4244	17.1044
3	-203.729	17.856	2195.2	16.1193	16.5622	17.5337
4	-192.589	22.28 *	2129.5	15.9717 *	16.5476	17.8105

2. VAR 模型的稳定性检验

依据所建立的 VAR 模型,检验其特征方程的根是否小于 1,如果小于 1,则意味着 VAR 模型是稳定的。通过画图,发现 VAR 模型特征方程的根均在单位圆内,因此建立的 VAR 模型是稳定的。但是 3 个 VAP(1)的模型中,变量的系数并不显著。

(三) 格兰杰因果检验

表 7-5　　　　　　　　　　格兰杰因果检验

零假设	统计量	P 值
$g\_industry$ 不是 $d.g\_gdp$ 的 Granger 因	2.5458	0.111
$g\_service$ 不是 $d.g\_gdp$ 的 Granger 因	8.7927	0.003
$d.g\_gdp$ 不是 $g\_industry$ 的 Granger 因	0.11989	0.729
$d.g\_gdp$ 不是 $g\_service$ 的 Granger 因	0.22387	0.636

根据表 7-5,结果显示,第三产业增长率是 GDP 增长率的格兰杰因,但是第二产业增长率不是 GDP 增长率的格兰杰因,而且 GDP 增长率不是第二产业增长率和第三产业增长率的格兰杰因。这个与经济学理论有些不符,这可能与 GDP 增长率这一变量是非平稳时间序列,而在进行 Granger 检验时要求变量是平稳序列,因此这里采用 GDP 增长率的一阶差分进行检验,可能影响了检验结果,基于 VAR 模型的 Bootstrap 似然比检验可以弥补这一缺陷。

(四) 基于 VAR 的 Bootstrap 似然比检验

采用 VAR 模型的 Bootstrap 似然比方法考察经济增长率与产业结构之间的相互影响，滞后长度根据 BIC 信息准则定为1，结果如表7-6所示。检验结果显示，在第二产业和第三产业增长率不是 GDP 增长率的格兰杰因的检验中，由原样本进行回归得到的 LR 统计值均大于模拟所得到的 5% 临界值，拒绝原假设，即第二产业增长率和第三产业增长率均是 GDP 增长率的格兰杰因。但是 GDP 增长率仍然不是第二产业增长率和第三产业增长率的格兰杰因。这个结论与前面格兰杰因果检验的结果有些不同。详见表7-6。

表7-6　　　　**基于 VAR 模型的 Bootstrap 似然比检验结果**

零假设	LR 统计量	5% 临界值	P 值
$g\_industry$ 不是 g_gdp 的 Granger 因	0.6	0.19	0.03
$g\_service$ 不是 g_gdp 的 Granger 因	1.11	0.34	0.01
g_gdp 不是 $g\_industry$ 的 Granger 因	2.52	6.17	0.16
g_gdp 不是 $g\_service$ 的 Granger 因	1.32	7.28	0.22

四　社会保障水平与经济增长关系的实证分析

(一) 单位根检验

根据表7-7，ADF 检验的结果显示，变量 $g-gdp$ 和 $security$ 均为单位根过程，一阶差分以后变为平稳时间序列。

表7-7　　　　　　　　**变量的平稳性检验**①

变量	ADF 检验		PP 检验	
	统计量	5% 临界值	统计量	5% 临界值
g_gdp	-1.655	-3.000	-1.500	-3.000
$security$	-1.091	-3.000	-4.037	-3.000
$d.g\_gdp$	-3.321	-3.000	-3.612	-3.000
$d.security$	-3.620	-3.000	-3.829	-3.000

注：$d.security$ 表示 $security$ 的一阶差分。

---

① 注：由于受到黄石市社会保障基金支出数据资料限制，社会保障与经济增长互动关系实证分析模型采用 2000—2011 年数据，其中 $security$ 表示社会保障水平。

（二）协整分析

1. Johansan 协整检验

格兰杰指出："对协整的检验可看成为避免'谬误回归'情形而进行的预检验。"变量间的协整关系检验有两种常用方法，一种是 Engle - Granger 两步法，另一种是 Johansan 检验，本书主要采用后者。Johansan 协整检验基于回归系数的协整检验，其基本思想是基于 VAR 模型将一个求极大似然函数的问题转化为一个求特征根和特征向量的问题。在进行协整检验之前，需要先确定拟合的 VEC 模型的滞后阶数，然后进行 Johansan 检验，如果存在协整关系，则根据滞后阶数拟合向量误差修正模型。协整检验的零假设为最多存在 r 个协整关系，从 r = 0 开始检验。当迹统计量小于临界值时，r = 0 不能被拒绝，说明变量间不存在协整关系，检验到此终止，不能建立 VEC 模型。如果 r = 0 被拒绝，即迹统计量 LR 大于临界值，则继续进行 r = 1 的检验，直至 0 假设 r≤r* 不能被拒绝，协整检验终止，则结论为 VEC 模型中存在 r* 个协整向量。根据 AIC 和 SBIC 信息准则，均在滞后阶数取 2 时达到最小值，故模型选择 2 阶滞后。

表 7 - 8　　　　　　　　　　协整向量个数 r 的检验

零假设	LL	迹统计量	5%水平临界值
r = 0	-22.597817	21.6077	15.41
r≤1	-12.550653	1.5133 *	3.76
r≤2	-11.793987		

表 7 - 8 显示，r≤1 时，迹统计量小于临界值，零假设不能被拒绝，即经济增长与社会保障水平之间存在一个协整关系。

2. 估计 VEC 模型

$$d.s_t = 0.16 \times (1.07 + s_t - 0.37 g_t) + (0.1 - 0.01 * d.s_{t-1} - 0.03 \times d.g_{t-1})$$

$$d.g_t = 5.83 \times (1.07 + s_t - 0.37 g_t) + (-0.003 - 1.95 * d.s_{t-1} + 0.89 \times d.g_{t-1})$$

(3)①

---

① s_t 表示变量 security，$d.s_t$ 表示变量 security 的一阶差分项 d. security；g_t 表示变量 g - gdp，$d.g_t$ 表示变量 g - gdp 的一阶差分项 d. g - gdp。

协整方程 $s_t = 1.07 + 0.37g_t$ 是一个平稳序列，表示社会保障水平和经济增长之间存在长期均衡的正相关性，经济增长率提高一个百分比，会引致社会保障水平提高 0.37 个百分比。模型（3）中第一个等式显示社会保障水平提高时（偏离长期均衡态），经济增长率也会随之提高，但是这种关系不显著；第二个等式显示经济增长率增加时，社会保障水平也会呈上涨态势，而且这种关系是显著的。因此，在社会保障水平和经济增长的协整关系中，社会保障水平发挥引导作用。如果两变量有协整关系，则至少在某个方向上存在格兰杰因果关系。Bootstrap 仿真分析方法可以在两者存在协整关系以及两者都是单整序列的条件下得到格兰杰因果关系检验的稳健临界值，下面将使用基于 VAR 的 Bootstrap 似然比检验方法验证两者之间是否存在格兰杰因果关系。

（三）基于 VAR 的 Bootstrap 似然比检验

建立含有两变量的 g_gdp、security 的 VAR（2）模型，如式（4）所示，滞后长度基于 BIC 最小准则定为 2。

$$\begin{aligned}
security_t &= \alpha_1 + \alpha_{11} security_{t-1} + \alpha_{12} security_{t-2} + \beta_{11} g\_gdp_{t-1} + \\
&\quad \beta_{12} g\_gdp_{t-2} + \varepsilon_{1t} \\
g\_gdp_t &= \alpha_2 + \alpha_{21} security_{t-1} + \alpha_{22} security_{t-2} + \beta_{21} g\_gdp_{t-1} + \\
&\quad \beta_{22} g\_gdp_{t-2} + \varepsilon_{2t}
\end{aligned} \quad (4)$$

检验假设 H_0：g_gdp 不是 security 的 Granger 因，等同于检验 H_0：$\beta_{11} = \beta_{12} = 0$。把零假设代入模型（4），得到约束模型（5）。

$$\begin{aligned}
security_t &= \alpha_1 + \alpha_{11} security_{t-1} + \alpha_{12} security_{t-2} + \varepsilon_{1t} \\
g\_gdp_t &= \alpha_2 + \alpha_{21} security_{t-1} + \alpha_{22} security_{t-2} + \beta_{21} g\_gdp_{t-1} + \\
&\quad \beta_{22} g\_gdp_{t-2} + \varepsilon_{2t}
\end{aligned} \quad (5)$$

对约束模型（5）进行 OLS 估计，得到各个估计系数与残差，对残差进行 Bootstrap 重复抽样 1000 次，然后零均值化，进一步基于估计系数，得到序列 security 和 g_gdp 各 1000 个 Bootstrap 样本。由新样本重新对约束模型和无约束模型进行估计，根据 LR 计算公式（2）得到 1000 个 LR 统计值，按升序排列后，取其中的第 50 个、100 个作为各个估计值在 5% 和 10% 水平上的置信区间的下限，即得到 5% 和 10% 分位数对应的临界值。最后把原样本代入约束模型和无约束模型进行估计，得到 LR 检验统计量。将 LR 检验统计量与 Bootstrap 仿真得到的 LR 临界值进行比较，结果如表 7-9 所示。

表 7-9　　　　基于 VAR 模型的 Bootstrap 似然比检验结果

零假设	LR 统计量	5%临界值	P 值
g_gdp 不是 security 的 Granger 因	1.22	0.17	0.01
security 不是 g_gdp 的 Granger 因	6.09	0.89	0.03

Bootstrap 似然比检验结果显示，1999—2011 年间，经济增长与社会保障之间具有双向因果关系。这一结论说明，黄石市经济转型的好与坏不仅会影响到社会保障制度的发展，社会保障制度改革与完善也是促进黄石市经济转型与发展一个重要因素。由于中国社会保障制度发展较晚，许多数据都是建于 1997 年养老保险制度改革以后，因此关于社会保障与经济增长因果关系的研究往往面临小样本问题，在实证研究中无法令人信服，本书利用 Bootstrap 仿真的 LR 检验在小样本分析中具有一定优势，得出的结论比单纯使用原样本数据的研究结果具有更强的稳健性。

第四节　促进经济转型的社会保障制度改革建议

从新古典经济增长理论的角度，社会保障制度主要通过促进消费或增加积累来刺激经济增长，另外，社会保障促进经济增长的传导机制是人力资本，主要通过延长退休年龄和提高教育水平等方式来提高人力资本水平。为了促进资源枯竭城市经济社会实现顺利转型，社会保障制度需要从以下方面进行改革创新：

一　加大资源枯竭城市社会保障转移支付力度，提高社会保障水平

随着社会保障制度改革，中国社会保障水平逐步提高。从全国社会保障水平来看，社会保障支出占 GDP 的比例从 1989 年的 0.7% 上涨到 2011 年的 2.4%，增幅接近 4 倍，但是与其他国家相比，这个比例仍然很低。欧盟统计局发布数据显示，欧盟社会保障支出占 GDP 比重总体呈上升趋势，2007 年占比为 26.1%，2009 年为 29.6%，2010 年为 29.4%。2007—2010 年间，欧盟社会保障支出名义总额年增长率约为 10%，而 GDP 基本保持不变。从国别来看，社保支出占 GDP 比重高于 30% 的国家依次是法国（33.8%）、丹麦（33.3%）、荷兰（32.1%）、德国

(30.7%)、芬兰（30.6%）以及奥地利和瑞典（均为30.4%）[①]。与发达国家相比，中国在社会保障方面的支出明显偏小。社会保障水平的影响因素很多，其中较为重要的因素为社会保障支出额和一国的经济发展水平，两者相辅相成。社会保障支出的增加意味着居民的生活保障提高，他们必然愿意而且有能力将更多的钱用于消费，这对一国经济发展是非常必要的。中国目前经济发展的障碍之一是内部消费动力不足，中国居民消费占GDP的比例约为35%，消费对经济增长的贡献有限。在经济新常态和全球经济发展放缓等背景下，中国未来经济发展的引擎更多地依靠内需和消费升级。大幅度增加社会保障支出尤其是增加对经济发展困难或经济欠发达地区的社会保障转移支付，可以有效提高居民的消费能力和边际消费倾向，进而促进经济增长。对于资源枯竭城市，在中央专项补助资金的使用安排上应该增加对社会保障支出的投入。2013年度黄石市获得资源型城市转型中央财政性转移支付资金3.56亿元。其中，社会保障支出20360万元，教育支出4648万元，医疗卫生支出3140万元，环境保护支出3000万元，城市基础设施改造支出2000万元，保障房建设支出2500万元，社会保障财政性转移支付支出占总支出的比值高达57%。中央在加大资源枯竭城市转移支付投入力度和时间跨度，转移支付投入应该做到专款专用，尽可能发挥有效资金的规模效应，最终目的是提高社会保障水平，具体分配上可以从以下三个方面展开：首先，应该提高社会保障的覆盖面，使更多的人群能够享受到社会保障实惠，这也在一定程度上有利于增加社会保障收入，缓解社会保障基金压力；其次，要逐步提高社会保障待遇，这需要政府将更多的财政支出用于社会保障转移支付，尤其是增加对经济发展困难地区的转移支付，促进社会保障水平的均衡发展；最后，增加社会保障的缺失项目和内容，较少行政支出成本，落实地方配套政策，让社会保障真正能够解决人们的后顾之忧。

二 完善医疗保障制度，降低个人医疗支出费用，增加医疗卫生基础设施建设

医疗服务关系到一个人的健康，这也是人力资本积累非常关键的前提

[①] 亚太财经与发展中心：《欧盟2010年社会保障支出占GDP比重达29.4%》，http://afdc.mof.gov.cn/pdlb/wgcazx/201211/t20121128_705000.html。

条件。医疗制度改革是中国社会保障制度改革的重中之重,如何解决"看病难看病贵"的问题一直困扰着个人、社会和政府。首先,扩大医疗保障的覆盖面,让更多人群纳入到医疗保障范围,真正实现全民医保。黄石市目前城乡居民医疗保险参保率基本达到95%以上。其次,积极推动公立医院改革,减少药品流通环节,降低基本药品的价格。公开竞标、政府限价等方式虽然减少了药品的流通环节,但是仍然存在通过药品换名以实现变相提价等规避手段,资源枯竭城市应加强监督管理,中央政府也应该通过医药体制改革来转变公立医院盈利模式,让医院利益与药品销售脱钩,而更多地与所提供的医疗服务相联系。再次,加大医院医疗设备的投入及其更新换代,注重对医疗卫生技术人员专业技能的培养和专业知识的扩展,保障病患能够享受更好的医疗服务,降低疾病对健康的影响或风险。最后,加大基本公共卫生服务投入,提高疾病预防能力。预防疾病的成本远远低于治疗成本,因此强化疾病预防工作对医疗保障的贡献非同小可,可以从源头杜绝慢性病和癌症的发病率,提高劳动者的健康水平。疾病预防主要包括疾病预防的基础设施建设、疾病预防知识的普及、群众的疾病预防意识等,尤其在农村地区,要加强疾病预防知识的宣传,加大农村公共卫生服务的投入,实现城乡服务均等化,以最大限度地预防疾病。

三 增加财政性教育投入,建立延长退休年龄的激励机制

未来经济增长的主要推动力是技术创新,而技术创新的基础是教育,而这对于资源枯竭城市经济转型则更为重要。中华人民共和国国务院颁布的《国家中长期教育改革和发展规划纲要》(2010—2020)明确提出,到2020年实现国家财政性教育经费支出占国内生产总值比例达到4%的目标。2011年,湖北地方财政预算支出为24762614万元,其中教育支出为3518830万元,占比为14%,黄石市地方财政预算支出为1278769万元,其中教育支出为170942万元,占比13.37%,低于湖北省平均水平。资源枯竭城市应该将目标立足于未来,强化教育对经济转型重要性的认识,通过教育投入来提高技术创新能力,推动经济转型。对于技术性人才或有竞争力的人才,资源枯竭城市应该通过政策改革和激励机制来延迟退休年龄,让社会需要的技术人才和专业人士在工作岗位上多做贡献。从政策上可以尝试针对这些群体制定专门的退休年龄规定,在退休年龄可以给出一个选择区间,比如60—65岁退休,例如《人事部关于高级专家退(离)

休有关问题的通知》（人退发〔1990〕5号）规定女性高级专家可以60岁退休，而一般情况下女干部是55岁退休，而女工人是50岁退休。为了激励专业人士和技术专家延长退休年龄，可以参照美国的做法，超过法定退休年龄的专家，多工作一年，其退休工资有一定幅度增加，以此来提高资源枯竭城市人力资本存量，促进经济转型。

参考文献

一 中文专著

[1] 中华人民共和国国家人口和计划生育委员会流动人口服务管理司：《中国流动人口发展报告（2011）》，中国人口出版社 2011 年版。

[2] 中华人民共和国国家人口和计划生育委员会流动人口服务管理司：《中国流动人口发展报告（2012）》，中国人口出版社 2012 年版。

[3] 中华人民共和国国家人口和计划生育委员会流动人口服务管理司：《中国流动人口发展报告（2013）》，中国人口出版社 2013 年版。

[4] 中华人民共和国劳动和社会保障部法制司社会保险研究所、博石基金管理有限公司：《中国养老保险基金测算与管理》，经济科学出版社 2001 年版。

[5] 陈良谨：《社会保障教程》，中国知识出版社 1990 年版。

[6] 陈强：《高级计量经济学及 Stata 应用》，高等教育出版社 2014 年版。

[7] 丁建定：《社会保障概论》，华东师范大学出版社 2006 年版。

[8] 邓大松、刘昌平等：《2011 中国社会保障改革与发展报告》，人民出版社 2011 年版。

[9] 丹尼斯·梅多斯：《增长的极限》，李宝恒译，吉林人民出版社 1997 年版。

[10] 郭志刚：《社会统计分析方法——SPSS 软件应用》，中国人民大学出版社 1999 年第 1 版。

[11] 封进：《人口转变、社会保障与经济发展》，上海人民出版社 2005 年版。

[12] 古扎拉蒂：《计量经济学基础》（上、下），中国人民大学出版社 2005 年第 4 版。

[13] 匡耀求:《广东可持续发展进程2007》,广东科技出版社2011年版。
[14] 李珍:《社会保障理论》,中国劳动社会保障出版社2001年版。
[15] 李京文、郑友敬:《技术进步与产业结构概论》,经济科学出版社1998年版。
[16] 刘昌平:《可持续发展的中国城镇基本养老保险制度研究》,中国社会科学出版社2008年版。
[17] 罗默:《高级宏观经济学》,上海财经大学出版社2003年版。
[18] 马薇:《协整理论与应用》,南开大学出版社2004年版。
[19] 沈燕:《社会保障对人力资本及经济增长的影响研究》,光明日报出版社2012年版。
[20] 佟新:《人口社会学》,北京大学出版社2010年版。
[21] 威廉·H. 格林:《计量经济分析》,张成思译,中国人民大学出版社2011年版。
[22] 王晓军:《社会保险精算原理与实务》,中国人民大学出版社2009年版。
[23] 肖六亿:《劳动力流动的原驱力:技术进步》,四川大学出版社2008年版。
[24] 杨先明、徐亚非等:《劳动力市场运行研究》,商务印书馆1999年版。
[25] 张寿:《技术进步与产业结构的变化》,中国计划出版社1998年版。
[26] 查瑞传、乔晓春:《人口普查资料分析技术》,中国人口出版社1991年版。
[27] 褚福灵:《中国社会保障发展指数报告2010》,经济科学出版社2011年版。
[28] 周渭兵:《社会养老保险精算理论、方法及其应用》,经济管理出版社2004年版。
[29] 郑功成:《中国社会保障30年》,人民出版社2008年版。
[30] 历年《中国统计年鉴》。
[31] 历年《中国城市统计年鉴》。
[32] 历年《中国人口和就业统计年鉴》。
[33] 历年《中国人力资源和社会保障年鉴》。
[34] 历年《中国劳动统计年鉴》。

[35] 历年《湖北统计年鉴》。
[36] 历年《黄石市统计年鉴》。
[37] 历年《黄石市年鉴》。

二 中文期刊

[1] 车翼、王元月：《养老金、退休和模型——对美国退休经验模型的综述》，《中国人口科学》2007年第1期。

[2] 陈沁、宋铮：《城市化将如何应对老龄化？——从中国城乡人口流动到养老基金平衡的视角》，《金融研究》2013年第6期。

[3] 程永宏：《现收现付制与人口老龄化关系定量分析》，《经济研究》2005年第3期。

[4] 董拥军、邱长溶：《中国社会保障支出与经济增长关系的实证》，《统计与决策》（理论版）2007年第4期。

[5] 董直庆、藤建洲：《中国财政与经济增长关系：基于Bootstrap仿真方法的实证检验》，《数量经济技术经济研究》2007年第1期。

[6] 邓大松、杨红燕：《人口老龄化与农村老年医疗保障制度》，《公共管理学报》2005年第5期。

[7] 华安德：《老龄化社会的社会保障问题——以澳大利亚和中国为例》，宋阳旨译，《国外理论动态》2014年第7期。

[8] 黄莹、林金忠：《现收现付制与经济增长关系的实证研究》，《人口与经济》2009年第6期。

[9] 黄匡时：《流动人口的社会保障陷阱和社会保障的陷阱》，《社会保障研究（京）》2012年第1期。

[10] 韩玲慧：《人口老龄化背景下发达国家社会保障事业面临的财政压力》，《经济与管理研究》2013年第6期。

[11] 贾宝先：《资源枯竭型城市转型中的社会保障机制探索》，《重庆科技学院学报》（社会科学版）2012年第13期。

[12] 姜向群、万红霞：《人口老龄化对老年社会保障及社会服务提出的挑战》，《市场与人口分析》2005年第11期。

[13] 刘吕吉、李桥、张馨丹：《人口结构变迁与财政社会保障支出水平研究》，《贵州财经大学学报》2014年第4期。

[14] 刘同昌：《人口老龄化背景下建立城乡一体的养老保险制度的探索》，《山东社会科学》2008年第1期。

[15] 刘昌明、邓大松、殷宝明：《"乡—城"人口迁移对中国城乡人口老龄化及养老保障的影响分析》，《经济评论》2008年第6期。

[16] 林宝：《人口老龄化对企业职工基本养老保险制度的影响》，《中国人口科学》2010年第1期。

[17] 林东海、丁煜：《养老金新政：新旧养老保险政策的替代率测算》，《人口与经济》2007年第1期。

[18] 林忠晶、龚六堂：《退休年龄、教育年限与社会保障》，《经济学》（季刊）2007年第1期。

[19] 卢元：《试论人口老龄化过程中中国城镇职工养老保险的可持续发展》，《人口研究》2000年第5期。

[20] 李姝、孟韬：《资源枯竭型国有企业社会保障制度的问题与完善》，《辽东学院学报》2005年第6期。

[21] 李宏舟：《国外资源枯竭型城市社会稳定问题研究——以闭矿裁员后政府应对措施为中心》，《资源与产业》2008年第3期。

[22] 李杰、樊轶侠：《论人口老龄化背景下农村社会养老保障制度的构建》，《财政研究》2008年第12期。

[23] 吕学静、李佳：《流动人口养老保险参与意愿及其影响因素的实证研究——基于"有限理性"学说》，《人口学刊》2012年第4期。

[24] 马忠东、吕智浩、叶孔嘉：《劳动参与率与劳动力增长：1982~2050年》，《中国人口科学》2010年第1期。

[25] 郭剑雄：《人力资本、生育率与城乡收入差距的收敛》，《中国社会科学》2005年第3期。

[26] 郭庆旺、贾俊雪、赵志耘：《中国传统文化信念、人力资本积累与家庭养老保障机制》，《经济研究》2007年第8期。

[27] 欧阳青东、陈雨花：《养老保险制度变迁、人口结构、市场竞争对人身保险消费的影响——基于2000~2010分省数据的经验研究》，《湖南师范大学社会科学学报》2013年第1期。

[28] 彭浩然、申曙光：《现收现付制养老保险与经济增长：理论模型与中国经验》，《世界经济》2007年第10期。

[29] 孙祁祥、朱俊生：《人口转变、老龄化及其对中国养老保险制度的

挑战》,《财贸经济》2008 年第 4 期。

[30] 田永坡、川和、于月芳:《人力资本投资软环境研究:基于社会保障制度和劳动力市场分割的视角》,《中国人口、资源与环境》2006 年第 5 期。

[31] 田成诗、曾宪宝:《基于"六普"数据的中国省际人口流动规律分析》,《西北人口》2013 年第 1 期。

[32] 田雪原:《人口老龄化与养老保险体制创新》,《人口学刊》2014 年第 1 期。

[33] 陶然、徐志刚:《城市化、农地制度与迁移人口社会保障——一个转轨中发展的大国视角与政策选择》,《经济研究》2005 年第 12 期。

[34] 吴要武:《资源枯竭城市的就业与社会保障问题分析》,《学术研究》2004 年第 10 期。

[35] 吴红宇:《现行社会保障制度对农民工迁移行为的影响研究》,《农村经济》2008 年第 1 期。

[36] 王朝明:《矿产资源枯竭城市的贫困问题及其治理》,《财经科学》2003 年第 4 期。

[37] 王志宏、朱云:《资源枯竭城市下岗工人再就业障碍分析——以阜新市为例》,《资源与产业》2004 年第 1 期。

[38] 汪伟:《人口老龄化、养老保险制度变革与中国经济增长——理论分析与数值模拟》,《金融研究》2012 年第 10 期。

[39] 殷俊、李媛媛:《人口老龄化背景下中国养老保险制度改革的宏观经济及福利效应分析》,《江西财经大学学报》2013 年第 6 期。

[40] 于立、孟韬、姜春海:《资源枯竭型国有企业退出障碍与退出途径分析》,《中国工业经济》2003 年第 10 期。

[41] 徐向峰、孙康、侯强:《资源枯竭城市社会保障的完善》,《长春工业大学学报》2008 年第 3 期。

[42] 谢安:《改革现行养老保险体制应对人口老龄化》,《管理世界》2005 年第 4 期。

[43] 武锐、王薇:《人口老龄化视阈下的日本养老保险制度及其对中国的启示》,《江西社会科学》2010 年第 12 期。

[44] 钱振伟、卜一、张艳:《新型农村社会养老保险可持续发展的仿真评估:基于人口老龄化视角》,《经济学家》2012 年第 8 期。

［45］肖严华：《21世纪中国人口老龄化与养老保险个人账户改革——兼谈"十二五"实现基础养老金全国统筹的政策选择》，《上海经济研究》2011年第12期。

［46］余建华、张文忠等：《中国资源枯竭城市的转型效果评价》，《自然资源学报》2011年第1期。

［47］杨振超：《国内外资源型城市转型理论研究述评》，《上海经济研究》2010年第6期。

［48］王国辉：《人口老龄化与城市化呼唤社会保障制度创新发展——"人口老龄化与城市化下的社会保障制度建设"学术研讨会综述》，《中国人口科学》2011年第4期。

［49］王弟海、龚六堂、李宏毅：《健康人力资本、健康投资和经济增长——以中国跨省数据为例》，《管理世界》2008年第3期。

［50］王军、耿建：《资源枯竭型城市可持续发展能力的实证研究》，《经济问题》2012年第1期。

［51］王晓军：《对城镇职工养老保险制度长期精算平衡状况的分析》，《人口与经济》2001年第10期。

［52］王晓军：《对中国不同地区养老保险基金的短期精算分析》，《人口与经济》2006年第3期。

［53］王树义、郭少青：《资源枯竭型城市可持续发展对策研究》，《中国软科学》2012年第1期。

［54］钟家新：《日本应对人口老龄化的社会保障及其对中国的启示》，《社会保障研究》2014年第1期。

［55］郑真真、杨舸：《中国人口流动现状及未来趋势》，《人民论坛》2013年第4期。

［56］郑伯红、廖荣华：《资源型城市可持续发展能力的演变与调控》，《中国人口、资源与环境》2003年第2期。

［57］阳义南：《中国城镇企业职工基本养老金替代率的实证研究》，《调研世界》2011年第12期。

［58］杨再贵：《城镇社会养老保险、人口出生率与内生增长》，《统计研究》2009年第5期。

［59］杨胜利、高向东：《人口老龄化对社会保障财政支出的影响研究》，《西北人口》2012年第3期。

[60] 叶文虎等:《联合国可持续发展指标体系述评》,《中国人口资源与环境》1997年第9期。

[61] 张思锋、张冬敏、雍岚:《引入省际人口迁移因素的基本养老保险基金收支测算——以陕西为例》,《西安交通大学学报》(社会科学版)2007年第3期。

[62] 张冬敏、张思锋:《省际人口迁移对基本养老保险基金缺口的影响研究——以陕西省为例》,《统计与信息论坛》2012年第1期。

[63] 张芳:《资源枯竭城市社会保障制度存在问题及对策探析》,《长春工业大学学报》2008年第2期。

[64] 张芳:《资源型城市养老保险存在的问题及政策建议》,《沈阳师范大学学报》(社会科学版)2009年第5期。

[65] 张本波:《中国人口老龄化的经济社会后果分析及政策选择》,《宏观经济研究》2002年第3期。

[66] 周成、刘子兰:《养老金计划、人力资本及经济增长:理论和实证研究》,第4届北大CCISSR论坛,2007年。

[67] 郑秉文:《改革开放30年中国流动人口社会保障的发展与挑战》,《中国人口科学》2008年第5期。

三 外文文献

[1] Auerbach A. J. O. P., The Fiscal Effects of U. S. immigration: A Generational—Accounting Perspective, *Tax Policy and the Economy*, Vol. 14, 2000.

[2] Auerbach A. J., Oreopoulos P., Analyzing the fiscal impact of U. S. immigration, *American Eeonomic Review*, Vol. 89, No. 2, 1999.

[3] Bank T. W., China D. R. C. O., *China 2030: Building a Modern, Harmonious, and Creative High—Income Society*, Washington, DC: The World Bank, 2012.

[4] Boldrin M., De Nardi M, Jones L. E., Fertility and Social Security, *NBER working paper Series*, No. 11146, 2005.

[5] Boskin M. J., Social Security and Retirement Decisions, *Economic Inquiry*, Vol. 15, 1977.

[6] Cai Y., "China"s Below—Replacement Fertility: Government Policy or Socioeconomic Development, *Population and Development Review*, Vol. 36, No. 3, 2010.

[7] Cai Y., An Assessment of China s Fertility Level Using the Variable—R Method, Demography, Vol. 45, No. 2, 2008.

[8] Chan K. W, Hu Y., Urbanization in China in the 1990s: New Definition, Different Series, and Revised Trends, *The China Review*, Vol. 3, No. 2, 2003.

[9] Echevarria C. A, Iza A., Life Expectancy, Human Capital, Social Security and Growth, *Journal of Political Economics*, Vol. 90, 2006.

[10] Ehrenberg Ronald G., Robert S. Smith, *Modern Labor Economics Theory and Public Policy*. 10*thed*, Addison—Wesley Educational Punishers Inc, 2008.

[11] Ehrlich I, Kim J., Has social security influenced family formation and fertility in OECD countries? An Economic and Econometric Analysis, *Pharmaceuticals Policy and Law*, Vol. 9, 2007.

[12] Holler J., Pension Systems and their Influence on Fertility and Growth, *NBER Working Paper Series*, No. 0704, 2007.

[13] Feldstein M., Social Security: Induced Retirement and Aggregate Capital Accumulation, *Journal of Political Economics*, Vol. 82, No. 5, 1974.

[14] Feldstein M., Samwick A., The Economics of Prefunding Social Security and Medicare Benefits, *NBER Macroeconomics Annual*, vol. 12, 1997.

[15] Fischer J. A. V., Sousa – Poza A., The Effect of Pension Generosity on Early Retirement: A Microdata Analysis for Europe from 1967 to 2004, *MPRA Paper*, Vol. 6, No. 15940, http://mpra.ub.uni-muenchen.de/15940/, 2009.

[16] Gal Z., Immigration in the United States and the European Union. Helping to solve the Economic Consequences Ofageing?, *Sociologia*, Vol. 40, No. 1, 2008.

[17] Goodkind D. M., China's Missing Children: The 2000 Census Underreporting Surprise, *Population Studies*, Vol. 58, No. 3, 2004.

[18] Hu S. C., Social Security, the Supply of Labor, and Capital Accumula-

tion, *The American Economic Review*, Vol. 69, No. 3, 1979.

[19] Igor A., Michael H., The Privatization of the Russian Coal Industry: Policies and Processes in the Transformation of a Major Industry, *Policy Research Working Paper No. 2820*, Washington: WorldBank, 2002.

[20] Kemnitz A., Wigger B. U., Growth and Social Security: the Role of Human Capital, *European Journal of Political Economy*, Vol. 16, 2000.

[21] Lee R., Miller T., Immigration, Social Security, and Broader Fiscal Impacts, *American Economic Review*, Vol. 90, No. 2, 2000.

[22] Liang Z., The Age of Migration in China, *Population and Development Review*, Vol. 27, No. 3, 2001.

[23] Luzadis R. A., Mitchell O. S., Explaining Pension Dynamics, *Journal of Human Resources*, Vol. 26, 1991.

[24] Juan F. Del Brio Carretero and Mdela Concepcion Gonzalez Rabanal, Projected Spending on Pensions in Spain: A Viability Analysis, *International Social Security Association*, Vol. 57, 2004.

[25] Mayr K., The Fiscal Impact of Immigrants in Austria—A Generational Accounting Analysis, *Empirica*, Vol. 32, No. 2, 2005.

[26] Merli M. G, Smith H. L., Has the Chinese Family Planning Policy been Successful in Changing Fertility Preferences, *Demography*, Vol. 39, No. 3, 2002.

[27] Morgan S. P., Zhigang G., Hayford S. R., "China"s Below—Replacement Fertility: Recent Trends and Future Prospects, *Population and Development Review*, Vol. 35, No. 3, 2009.

[28] Mantalos, P., A. Graphical Investigation of the Size and Power of the Grange – Causality Tests in Integrated – Cointegrated VAR Systems, *Studies in Non – Linear Dynamics and Econometrics*, Vol. 4, 2000.

[29] RaZin A., Sadka E., Migration and Pension with International Capital Mobility. *Joumal of Public Economies*, Vol. 74, No. 1, 1999.

[30] RaZin A., Sadka E., Unskilled Migration: A Burden or a Boon for the Welfare Estate?, *Scaninavian Joumal of Economies*, Vol. 102, No. 3, 2000.

[31] Retheiford R. D, Choe M. K., Chen J, et al. How Far Has Fertility in

China Really Declined? *Population and Development Review*, Vol. 31, No. 1, 2005.

[32] OECD., Trends in International Migration, *Social Security Studies*, 1998.

[33] Rowthorn R., The Fiscal Impact of Immigration on the Advanced Economies, *Oxford Review of Economic Policy*, Vol. 24, No. 3, 2008.

[34] Razin, A. and Sadka, E., Unskilled Migration: A Burden or a Boon for the Welfare State?, *Scandinavian Journal of Economics*, Vol. 2, No. 102, 2000.

[35] Razin, A. and Sadka E., Migration and Pension with International Capital Mobility, *Scandinavian Journal of Economics*, Vol. 57, 1995.

[36] Song Z., Storesletten K, Wang Y, et al. *Sharing High Growth Aross Generations: Pensions and Demographic Transition in China.* 2012.

[37] Storesletten K., Fiscal Implications of Immigration—A net Present Value Calculation, *Scandinavian Journal of Economies*, Vol. 105, No. 3, 2003.

[38] Storesletten K., Sustaining Fiscal Policy Through Immmgration, *Journal of Political Economy*, Vol. 108, No. 2, 2000.

[39] William, A. Jackson., *The Political Economy of Population Aging*, Published by Edward Elgar Publishing Limited, 1998.

[40] Zhang G., Zhao Z., "Reexamining China"s Fertility Puzzle: Data Collection and Quality over the Last Two Decades, *Population and Development Review*, Vol. 32, No. 2, 2006.

[41] Zhen zhen Z., Cai Y., Feng W., et al., Below—Replacement Fertility and Childbearing Intentional in Jiangsu Provinc, China, *Asian Population Studies*, Vol. 5, No. 3, 2009.

[42] Zhang J., Social Security and Endogenous Growth, *Journal of Public Economics*, Vol. 58, 1995.

[43] Zhang J., Zhang J., How does Social Security Affect Economic Growth? Evidence from Cross-Country Data, *Journal of Population Economics*, Vol. 17, No. 3, 2004.